BESTACTIVITYBOOKS.COM

PRIMERA EDICIÓN - 2022

Ilustración Gráfica Extra: www.freepik.com
Gracias a Alekksall, Starline, Pch.vector, Rawpixel.com,
Vectorpocket, Dgim-studio, Upklyak, Macrovector,
Stockgiu, Pikisuperstar & Freepik.com Designers

Descubra Juegos Gratis Online

Disponibles Aquí:

BestActivityBooks.com/FREEGAMES

5 CONSEJOS PARA EMPEZAR

1) CÓMO RESOLVER LAS SOPA DE LETRAS

Los rompecabezas tienen un formato clásico:

- Las palabras se ocultan sin espacios ni guiones,...
- Orientación: Las palabras pueden escribirse hacia delante, hacia atrás, hacia arriba, hacia abajo o en diagonal (pueden estar invertidas).
- Las palabras pueden superponerse o cruzarse.

2) APRENDIZAJE ACTIVO

Junto a cada palabra hay un espacio para anotar la traducción. Para fomentar un aprendizaje activo, un **DICCIONARIO** al final de esta edición te permitirá comprobar y ampliar tus conocimientos. Busca y anota las traducciones, encuéntralas en el puzzle y añádelas a tu vocabulario!

3) MARCAR LAS PALABRAS

Puedes inventar tu propio sistema de marcado. ¿Quizás ya usas uno? También puedes, por ejemplo, marcar las palabras difíciles de encontrar con una cruz, las que te gustan con una estrella, las nuevas con un triángulo, las raras con un diamante, etc.

4) ESTRUCTURAR EL APRENDIZAJE

Esta edición ofrece un **CUADERNO DE NOTAS** muy práctico al final del libro. En vacaciones, de viaje o en casa, podrás organizar fácilmente tus nuevos conocimientos sin necesidad de un segundo cuaderno!

5) ¿HABÉIS TERMINADO TODAS LAS PARRILLAS?

En las últimas páginas de este libro, en la sección **DESAFÍO FINAL**, encontrarás un juego gratis!

¡Rápido y sencillo! Echa un vistazo a nuestra colección de libros de actividades para tu próximo momento de diversión y aprendizaje, ¡a sólo un clic de distancia!

Encuentre su próximo reto en:

BestActivityBooks.com/MiProximoLibro

En sus marcas, listos, ¡Ya!

¿Sabías que hay unas 7.000 lenguas diferentes en el mundo? Las palabras son preciosas.

Nos encantan los idiomas y hemos trabajado duro para crear libros de la más alta calidad para tí. ¿Nuestros ingredientes?

Una selección de temas adecuados para el aprendizaje, tres buenas porciones de entretenimiento, y luego añadimos una cucharada de palabras difíciles y una pizca de palabras raras. Los servimos con cariño y máxima diversión para que puedas resolver los mejores juegos de palabras y te diviertas aprendiendo!

Tu opinión es esencial. Puedes participar activamente en el éxito de este libro dejándonos un comentario. Nos encantaría saber qué es lo que más le ha gustado de esta edición.

Aquí hay un enlace rápido a tu página de pedidos:

BestBooksActivity.com/Opiniones50

Gracias por tu ayuda y diviértete!

Todo el equipo

1 - Arqueología

진	유	구	분	즐	연	낚	수	츠	야	도	뽐	여	기	고	수
수	낚	물	석	팀	구	렵	렵	뽐	예	봉	기	가	춤	대	전
원	게	권	신	비	원	캠	법	편	휴	교	수	뽐	킹	시	문
핑	술	진	임	수	야	렵	춤	도	봉	서	투	농	하	원	가
퍼	농	야	독	하	동	림	임	퍼	퍼	임	관	권	뽐	기	평
야	예	원	렵	사	동	서	도	스	여	활	가	동	다	휴	시
수	권	독	심	진	그	캠	관	하	마	관	구	그	예	마	심
마	물	구	술	서	림	츠	게	농	스	캠	임	후	하	법	법
임	구	가	야	편	임	하	캠	렵	캠	츠	핑	손	야	뽐	봉
그	서	권	술	다	진	도	춤	여	식	도	가	문	절	물	식
가	봉	예	휴	투	춤	활	화	석	게	도	낚	명	춤	임	사
림	그	포	가	투	그	예	이	수	이	뽐	법	권	여	식	동
공	수	서	봉	이	포	원	사	식	수	구	마	봉	여	마	포
물	식	무	덤	시	법	진	물	술	하	예	권	렵	여	춤	잊
법	물	임	동	활	원	동	핑	휴	편	사	공	독	킹	도	혀
낚	캠	캠	뼈	이	봉	봉	편	게	식	식	술	낚	편	츠	진

분석
고대
도기
문명
후손
시대
평가
전문가

화석
연구원
신비
사물
잊혀진
교수
유물
무덤

2 - Granja #2

재	투	구	투	그	시	동	마	독	핑	옥	수	수	양	음	식
농	물	재	봉	여	야	우	유	다	봉	편	투	관	농	고	게
퍼	휴	투	봉	림	렵	심	뿜	그	진	진	과	수	휴	도	기
시	심	마	서	농	투	서	마	원	킹	포	봉	수	권	즐	이
야	춤	편	뿜	부	츠	식	임	보	리	임	림	관	원	물	낚
수	사	심	포	시	가	독	봉	재	사	농	원	심	게	즐	사
편	공	활	기	퍼	예	식	사	춤	권	여	야	투	포	투	봉
트	랙	터	춤	하	봉	사	도	츠	라	마	채	물	오	리	퍼
수	임	야	가	가	임	시	하	뿜	핑	스	재	물	관	스	가
동	임	뿜	다	즐	원	헛	동	휴	권	스	진	재	투	림	봉
물	진	그	다	여	퍼	간	사	재	술	하	낚	투	퍼	밀	봉
야	동	자	시	관	식	물	킹	시	물	야	휴	사	킹	여	농
퍼	구	목	과	관	개	물	게	즐	포	가	하	벌	집	봉	다
즐	편	초	독	일	술	관	봉	서	림	게	포	농	기	임	활
법	원	지	기	춤	퍼	임	캠	관	농	츠	권	관	서	휴	다
권	사	식	심	관	도	활	술	림	핑	핑	활	포	도	기	활

농부	우유
동물	라마
보리	옥수수
벌집	목자
음식	오리
양고기	목초지
과일	관개
헛간	트랙터
과수원	야채

3 - La Empresa

위	사	동	수	그	즐	술	휴	법	봉	임	가	농	임	금	물
수	험	이	시	공	스	그	핑	서	마	관	능	하	투	사	렵
낚	예	독	물	편	원	포	술	캠	활	도	성	예	재	창	자
휴	포	구	핑	이	식	가	휴	원	퍼	낚	기	림	법	조	원
임	농	캠	휴	렵	춤	수	고	물	뺨	스	관	진	행	적	봉
즐	술	서	임	시	캠	서	용	식	킹	품	질	야	수	익	진
이	투	시	농	진	농	물	법	봉	포	독	제	술	퍼	활	원
서	투	물	킹	시	도	독	가	도	야	동	활	여	공	구	봉
게	렵	수	프	레	젠	테	이	션	식	재	낚	게	휴	법	게
킹	그	권	투	다	캠	임	농	킹	식	킹	다	즐	마	림	가
도	동	림	구	투	심	산	결	정	사	구	캠	글	로	벌	가
하	렵	임	여	림	휴	독	업	재	업	다	식	낚	법	공	야
투	재	그	봉	공	가	게	쁨	봉	게	킹	핑	시	낚	술	임
구	기	혁	신	적	인	구	여	서	독	다	여	휴	동	술	게
투	자	독	서	사	권	투	춤	진	공	편	평	림	재	그	이
술	법	동	낚	마	그	법	낚	휴	단	위	판	츠	법	기	쁨

품질
창조적
결정
고용
글로벌
산업
수익
혁신적인
투자
사업

가능성
프레젠테이션
제품
진행
자원
평판
위험
임금
단위

4 - Aviones

서	편	하	퍼	즐	착	동	여	뽐	관	휴	포	활	도	재	킹
킹	동	이	권	춤	도	륙	휴	림	뽐	이	농	즐	포	캠	권
임	핑	게	스	법	캠	렵	진	봉	재	술	동	관	농	원	퍼
사	렵	게	게	수	렵	기	춤	심	투	포	기	심	식	수	술
공	진	사	마	식	재	원	하	연	난	기	류	하	권	편	여
춤	기	위	분	법	핑	관	뽐	료	심	술	마	렵	뽐	스	술
츠	물	핑	물	림	시	서	게	캠	물	활	편	투	건	설	조
사	가	야	춤	방	향	핑	농	원	야	편	야	여	술	프	종
수	진	시	임	식	하	다	풍	선	도	권	식	재	기	로	사
수	서	봉	독	핑	게	임	편	독	법	기	객	사	원	펠	구
수	모	험	서	렵	하	독	하	늘	림	독	승	다	투	러	역
여	소	예	투	다	마	물	식	여	핑	퍼	무	낚	식	춤	사
춤	렵	관	츠	캠	퍼	여	식	도	독	시	원	권	킹	동	구
독	임	시	핑	뽐	관	원	독	엔	서	핑	독	재	뽐	임	물
권	임	여	설	휴	림	활	야	진	포	법	캠	키	법	시	심
사	재	캠	계	시	사	츠	휴	스	가	도	공	재	구	뽐	뽐

공기
고도
착륙
분위기
모험
하늘
연료
건설
방향
설계

풍선
프로펠러
수소
역사
엔진
승객
조종사
승무원
난기류

5 - Ética

가	가	진	리	사	춤	동	뽐	서	게	포	마	춤	낚	스	권
투	수	하	얼	렵	합	리	적	인	이	원	여	이	법	공	차
무	결	성	리	독	즐	외	도	하	타	관	관	동	캠	연	민
야	관	진	즘	편	지	교	독	원	주	림	킹	마	이	수	원
재	여	하	기	동	권	혜	여	휴	의	법	여	그	도	시	투
야	독	캠	식	이	관	시	재	기	재	림	사	원	독	식	권
스	투	춤	동	서	원	사	여	임	사	야	이	법	사	봉	마
원	휴	관	츠	하	휴	활	권	핑	활	포	가	캠	술	합	독
휴	다	진	기	진	권	춤	임	기	이	림	법	츠	가	리	구
하	게	투	핑	낚	가	렵	낙	구	즐	도	권	시	투	성	서
사	농	편	술	협	즐	공	킹	천	권	식	임	그	도	마	휴
림	즐	임	춤	력	인	철	여	낚	주	서	기	마	다	물	게
사	핑	야	그	기	내	학	휴	존	낚	의	마	임	값	관	친
개	인	주	의	춤	구	시	렵	엄	진	킹	물	휴	마	인	절
핑	다	진	수	다	츠	봉	독	성	봉	다	식	사	편	낚	류
여	서	임	캠	게	진	재	구	다	마	게	그	킹	정	직	권

이타주의   개인주의
친절   무결성
연민   낙천주의
협력   인내
존엄성   합리성
외교   합리적인
철학   리얼리즘
정직   지혜
인류   공차

6 - Ciencia Ficción

시	하	렵	기	술	편	기	퍼	미	세	계	신	비	한	행	성
권	물	킹	공	원	여	도	야	래	법	환	상	술	이	농	공
시	하	휴	하	기	쁨	즐	퍼	진	여	렵	게	봉	영	권	활
킹	춤	이	캠	킹	관	예	츠	임	공	낚	림	가	농	화	재
편	수	예	오	라	클	심	그	재	먼	원	자	편	다	독	관
환	상	적	인	대	농	다	심	원	포	식	동	뽐	공	진	낚
수	임	술	휴	도	본	심	마	포	여	핑	게	로	휴	즐	심
공	원	스	책	하	낚	츠	낚	춤	원	심	심	봇	포	활	원
렵	공	농	관	수	쁨	은	예	림	기	물	심	구	스	다	임
독	서	임	림	즐	서	법	하	도	관	권	서	시	식	봉	재
렵	원	심	공	봉	렵	춤	스	가	권	캠	동	휴	다	사	술
권	렵	수	그	퍼	춤	이	수	관	캠	유	봉	농	그	림	야
물	렵	예	하	이	게	활	상	권	토	식	활	구	림	시	투
스	마	뽐	즐	재	활	림	낚	상	피	편	편	그	시	진	재
캠	여	활	사	술	편	재	술	독	아	여	구	폭	진	재	임
시	렵	사	다	식	수	식	퍼	투	활	구	소	설	발	투	임

원자
영화
대본
폭발
환상적인
미래
은하
환상
상상의

신비한
세계
소설
오라클
행성
로봇
기술
유토피아

7 - Granja #1

핑	그	사	이	닭	말	재	꿀	춤	츠	투	포	하	낚	벌	진
재	투	시	땅	공	서	봉	식	사	심	법	하	물	사	다	마
서	뽐	식	퍼	투	공	법	관	원	독	독	마	이	송	활	예
재	하	즐	재	렵	구	편	기	뽐	캠	쌀	원	이	림	아	다
법	하	활	이	하	비	료	편	임	게	낚	이	캠	캠	당	지
소	편	독	가	농	업	들	편	임	법	식	까	킹	진	나	하
림	염	술	기	술	이	활	예	기	독	스	마	투	심	귀	독
편	독	게	활	건	림	야	진	예	심	서	귀	이	가	독	춤
임	스	독	마	초	원	사	하	독	심	뽐	뽐	공	게	예	그
진	임	도	캠	활	캠	서	활	마	게	편	활	낚	낚	츠	렵
공	림	츠	야	봉	다	킹	서	다	물	서	킹	림	렵	편	퍼
씨	앗	여	그	봉	마	게	편	독	예	마	봉	게	킹	봉	심
예	그	마	킹	법	그	렵	게	서	진	농	관	개	핑	그	수
사	물	춤	식	휴	법	술	렵	관	공	즐	포	휴	심	다	재
다	구	진	렵	낚	재	원	스	츠	수	하	스	임	진	포	관
고	양	이	울	타	리	낚	재	도	관	캠	그	캠	츠	마	시

농업	고양이
당나귀	건초
염소	씨앗
까마귀	송아지
비료	울타리

8 - Camping

하	권	투	무	킹	킹	킹	하	해	먹	호	휴	퍼	다	원	렵
서	식	뻠	나	장	비	이	낚	구	사	수	관	휴	술	그	동
다	술	핑	이	침	기	포	낚	그	도	진	심	물	독	독	동
낚	핑	법	수	재	반	퍼	낚	수	진	관	야	동	진	사	공
구	뻠	사	권	수	즐	임	투	예	스	독	하	구	춤	관	공
숲	포	여	츠	원	이	게	하	식	스	이	가	마	서	권	봉
림	공	권	퍼	서	예	마	심	렵	카	도	편	독	권	심	권
구	시	임	원	캠	림	서	낚	농	누	텐	기	모	심	자	뻠
동	진	가	사	휴	핑	관	활	원	킹	여	연	도	하	자	동
물	렵	도	법	핑	시	재	식	봉	농	자	구	야	농	하	퍼
즐	곤	충	캐	빈	원	포	권	예	렵	물	시	포	뻠	마	밧
시	동	캠	마	즐	관	진	독	진	독	여	기	시	퍼	이	줄
구	기	스	시	그	수	킹	가	심	휴	사	시	심	험	물	이
림	편	게	술	공	달	렵	춤	즐	예	동	수	퍼	가	즐	물
다	지	도	재	뻠	도	여	캠	원	술	수	술	모	서	낚	즐
뻠	렵	휴	이	서	심	게	킹	뻠	하	하	산	진	서	가	낚

동물
모험
나무
나침반
캐빈
카누
텐트
수렵

밧줄
장비
해먹
곤충
호수
지도
자연
모자

9 - Fruta

하 동 다 재 렵 독 기 구 스 술 심 수 임 원 관 동
핑 도 낚 원 물 편 술 기 스 예 쁨 망 즐 하 스 스
야 퍼 물 심 여 수 하 권 편 농 휴 캠 고 휴 물 가
오 야 서 구 낚 예 킹 구 그 권 스 멜 편 관 투 원
살 렌 핑 권 기 활 식 마 쁨 식 츠 론 야 즐 재 아
구 공 지 휴 수 즐 관 포 코 시 수 게 농 식 예 보
독 키 구 법 다 공 플 가 코 그 캠 투 킹 독 렵 카
라 위 아 사 과 다 애 공 넛 캠 투 권 스 예 포 도
동 즈 바 배 여 킹 인 시 춤 게 하 물 림 낚 기 포
캠 춤 베 시 마 베 파 파 야 복 숭 아 이 임 법 법
이 수 스 리 체 리 서 레 가 편 심 숭 수 림 킹 츠
임 가 예 핑 서 쁨 사 몬 렵 스 구 복 임 바 나 나
도 여 재 퍼 쁨 게 봉 술 식 서 편 도 킹 스 법 시
서 스 휴 식 야 독 공 독 농 공 권 천 핑 물 츠 야
야 즐 술 핑 임 관 농 봉 식 시 법 권 그 공 봉 시
하 그 법 구 림 진 캠 동 마 투 식 포 그 독 공 렵

아보카도	사과
살구	복숭아
베리	멜론
체리	오렌지
코코넛	천도 복숭아
라즈베리	파파야
구아바	파인애플
키위	바나나
레몬	포도
망고	

10 - Geología

```
마 동 굴 그 츠 지 권 봉 독 그 심 핑 크 법 그 다
도 낚 임 재 게 야 진 낚 퍼 편 종 수 리 편 원 뻠
게 농 편 여 용 암 예 술 투 즐 유 스 스 돌 이 렵
캠 편 동 도 퍼 법 구 게 가 순 석 게 탈 퍼 렵 낚
기 츠 편 휴 석 영 술 임 시 예 술 화 이 술 화 산
식 공 농 투 농 고 림 이 하 츠 야 서 식 츠 핑 다
야 사 임 식 물 원 간 그 림 하 포 원 낚 임 도 진
예 임 편 층 춤 편 헐 킹 법 술 권 하 구 구 사 여
하 야 도 림 퍼 기 천 수 소 금 대 재 야 포 포 핑
시 츠 핑 독 휴 렵 게 퍼 식 퍼 륙 킹 기 편 식 부
물 이 여 권 포 법 공 도 퍼 권 낚 술 그 물 원 식
수 수 진 이 관 예 퍼 법 임 마 림 독 서 즐 진 진
물 공 구 낚 캠 킹 권 다 킹 농 도 츠 탄 산 수 산
칼 예 그 춤 봉 휴 사 물 렵 독 수 캠 뻠 재 휴 호
원 슘 편 이 봉 사 사 관 서 가 기 하 게 활 심
술 다 물 활 재 사 퍼 관 식 투 킹 원 원 산 츠 예
```

칼슘	화석
동굴	간헐천
대륙	용암
산호	고원
크리스탈	탄산수
석영	소금
부식	지진
종유석	화산
석순	

11 - Álgebra

공 렵 예 임 투 도 핑 원 가 게 서 여 캠 식 사 사
야 권 관 진 재 낚 표 관 즐 휴 킹 다 사 동 포 퍼
식 관 츠 술 권 심 퍼 편 식 야 재 임 그 재 공 포
권 다 구 투 거 독 재 술 야 캠 휴 쁨 관 수 농 투
쁨 무 한 게 짓 기 그 투 예 낚 낚 여 활 지 임 마
술 독 다 권 스 구 기 물 캠 예 여 야 투 멱 투 휴
다 림 시 서 이 마 봉 원 림 진 활 봉 활 즐 식 법
구 서 시 낚 구 야 도 농 휴 휴 가 구 게 예 휴 림
다 렵 시 문 제 술 하 하 농 활 봉 단 순 화 여 편
렵 스 도 술 휴 이 구 게 춤 양 영 재 재 포 도 여
원 다 그 변 활 야 동 여 스 편 스 쁨 가 그 춤 원
요 쁨 재 수 시 해 관 물 물 휴 예 쁨 공 서 래 기
인 킹 식 정 방 결 구 진 재 시 마 도 춤 동 하 프
심 다 분 수 구 책 괄 호 행 렬 편 투 마 사 원 권
하 공 퍼 그 관 선 형 술 편 사 기 서 춤 빼 수 편
이 하 서 림 원 기 쁨 춤 사 활 게 심 사 기 시 여

도표	선형
방정식	행렬
멱지수	괄호
요인	문제
거짓	빼기
수식	단순화
분수	해결책
그래프	변수
무한	

12 - Plantas

마	대	동	춤	봉	투	낚	림	활	정	이	진	예	다	캠	마
캠	나	술	원	부	시	야	춤	활	예	원	숲	플	구	킹	캠
휴	무	동	독	낚	끼	시	여	여	임	재	핑	관	로	임	편
원	킹	권	즐	아	이	비	봉	시	포	심	마	춤	킹	라	이
잔	휴	식	초	목	관	콩	렵	권	원	사	술	독	도	핑	농
디	물	물	심	봉	꽃	스	예	츠	게	다	춤	봉	낚	활	진
게	수	학	이	독	여	잎	뽐	임	야	심	야	물	도	예	이
법	뽐	식	법	선	렵	시	관	가	킹	활	관	서	꽃	법	이
춤	낚	여	림	인	비	료	베	리	관	식	휴	농	예	야	임
편	스	캠	캠	장	마	렵	서	활	진	즐	수	관	이	스	봉
게	독	활	이	렵	휴	공	농	서	임	사	츠	서	렵	법	술
법	잎	야	이	구	렵	태	양	수	편	봉	뽐	뿌	기	서	권
술	스	재	시	휴	그	그	동	구	스	법	가	리	킹	구	킹
스	도	여	다	뽐	캠	핑	봉	가	다	구	여	야	이	게	뽐
서	활	낚	킹	구	편	임	공	낚	나	봉	가	독	독	관	재
진	물	동	술	독	낚	기	핑	야	무	그	활	킹	시	스	도

부시	아이비
나무	잔디
대나무	정원
베리	이끼
식물학	꽃잎
선인장	뿌리
비료	태양
플로라	초목

13 - Suministros de Arte

여	츠	농	연	법	렵	술	카	투	하	춤	즐	권	농	그	원
그	그	렵	필	농	스	관	메	기	낚	창	자	포	이	활	서
그	물	여	아	진	마	캠	라	공	활	스	의	술	이	편	하
잉	크	사	술	이	공	독	게	뻠	재	편	여	성	브	기	여
봉	원	활	시	종	디	야	휴	킹	활	뻠	마	술	러	핑	가
퍼	기	뻠	기	스	구	어	독	뻠	원	예	도	마	쉬	임	임
농	투	게	가	름	진	하	농	활	재	하	동	농	공	도	킹
이	식	휴	봉	그	뻠	동	림	활	투	마	휴	투	게	즐	춤
가	투	뻠	스	렵	재	춤	농	렵	공	여	야	관	기	야	재
기	렵	투	파	수	렵	독	수	채	화	퍼	진	야	심	게	마
핑	마	권	스	봉	예	예	법	투	여	하	권	가	기	스	여
사	낚	춤	텔	표	게	심	도	서	공	기	원	렵	봉	재	이
지	핑	농	아	크	릴	투	진	기	포	스	시	퍼	식	원	도
우	색	상	접	착	제	농	킹	관	심	여	독	법	원	하	사
개	숯	휴	낚	스	편	렵	관	킹	림	식	이	휴	퍼	점	토
심	수	화	가	다	야	활	투	기	임	가	관	권	이	춤	사

기름	창의성
아크릴	아이디어
수채화	연필
점토	종이
지우개	파스텔
화가	접착제
카메라	의자
브러쉬	잉크
색상	

14 - Negocio

그	킹	킹	심	여	심	핑	예	그	게	관	림	서	식	그	포
통	화	뽐	림	공	캠	진	산	여	그	스	식	휴	츠	심	식
시	기	야	편	술	다	하	이	재	봉	학	제	경	시	수	퍼
공	물	구	시	렵	야	동	포	캠	림	임	그	력	즐	즐	예
다	장	가	세	그	뽐	진	다	이	관	림	판	매	여	춤	공
고	용	주	금	식	하	그	포	휴	권	금	융	서	구	활	뽐
기	비	편	츠	포	그	서	기	사	수	휴	구	츠	하	봉	임
낚	술	수	심	핑	수	독	게	사	무	실	휴	원	림	가	독
여	술	권	재	도	렵	포	예	재	서	물	가	게	림	휴	낚
공	심	상	게	야	활	휴	기	림	수	사	법	농	킹	구	임
예	거	래	품	술	다	임	농	농	서	봉	공	재	농	투	예
심	츠	할	인	츠	봉	수	낚	진	봉	법	렵	림	서	핑	구
이	법	원	춤	캠	농	야	퍼	공	투	자	돈	원	여	렵	스
원	사	진	도	예	핑	재	마	낚	물	그	회	직	업	독	술
공	수	사	림	원	편	가	포	활	편	하	츠	사	기	야	동
임	서	휴	심	여	마	구	낚	임	물	임	가	권	림	서	스

경력
비용
할인
경제학
직원
고용주
회사
공장
금융
세금

투자
상품
통화
사무실
예산
가게
직업
거래
판매

15 - Jardín

```
호 활 사 낚 핑 임 갈 활 삽 사 기 츠 킹 편 춤 도
스 라 테 퍼 다 독 퀴 재 구 농 법 수 그 법 포 물
재 핑 마 다 법 도 여 림 게 스 포 도 권 재 하 공
토 시 그 스 럽 스 퍼 퍼 예 포 스 도 여 시 야 여
양 야 수 기 편 농 야 기 잡 렵 임 권 진 츠 벤 치
포 춤 술 포 예 퍼 심 공 활 초 독 마 술 예 심 사
공 즐 편 다 관 수 관 투 잔 디 식 킹 관 현 수 원
림 시 부 술 심 임 봉 스 투 원 투 그 봉 관 재 휴
물 차 시 연 못 바 위 낚 봉 활 킹 법 가 가 퍼 재
투 트 고 임 그 가 낚 스 그 휴 수 춤 림 봉 예 공
관 램 킹 림 편 야 독 야 시 림 림 구 재 투 이 꽃
캠 폴 재 휴 핑 법 울 봉 편 활 원 수 재 사 편 봉
여 린 나 무 뽐 시 타 뽐 핑 정 원 즐 뽐 다 투 캠
술 과 권 야 재 뽐 리 해 투 림 관 츠 하 즐 그 사
마 하 수 이 독 관 캠 먹 임 기 여 이 도 독 농 심
원 서 이 원 뽐 핑 스 독 물 진 농 기 렵 이 식 편
```

부시	잡초
나무	호스
벤치	현관
연못	갈퀴
차고	바위
해먹	토양
잔디	테라스
과수원	트램폴린
정원	울타리

16 - Países #2

하	시	활	독	시	공	킹	활	아	나	파	키	스	탄	법	이
스	춤	리	스	재	독	핑	퍼	일	이	독	다	도	공	캠	구
물	마	법	아	니	바	알	림	랜	라	오	스	스	심	권	시
포	술	포	오	스	트	리	아	드	크	마	덴	퍼	법	재	게
뻠	원	르	프	랑	스	퍼	시	즐	우	임	포	동	마	물	술
도	진	투	마	시	뻠	게	네	독	호	편	활	렵	그	게	뻠
그	여	갈	자	메	이	카	도	술	진	주	예	다	법	춤	하
농	포	동	수	물	킹	멕	인	심	구	게	츠	권	캠	농	여
원	츠	휴	단	법	기	시	구	원	마	편	뻠	우	편	술	예
임	술	러	시	아	원	코	농	법	구	물	스	간	퍼	퍼	낚
게	구	킹	마	봉	여	술	춤	서	도	임	서	다	포	림	렵
기	구	휴	그	가	게	진	포	시	낚	이	권	권	에	사	공
여	뻠	림	리	게	림	수	서	진	서	독	권	동	티	이	츠
동	다	츠	스	사	렵	낚	이	그	도	낚	물	진	오	관	독
공	임	포	법	시	동	하	물	뻠	마	일	하	원	피	술	캠
낚	동	법	낚	킹	투	춤	낚	사	그	술	본	임	아	포	농

알바니아	일본
호주	라오스
오스트리아	멕시코
덴마크	파키스탄
에티오피아	포르투갈
프랑스	러시아
그리스	시리아
인도네시아	수단
아일랜드	우크라이나
자메이카	우간다

17 - Tecnología

```
컴 브 스 야 동 술 봉 다 즐 춤 사 서 관 마 즐 캠
퓨 라 메 카 가 술 낚 기 야 스 킹 구 서 이 게 가
터 우 보 뿜 인 상 림 킹 독 낚 마 게 게 임 즐 원
이 저 기 안 터 킹 디 권 기 편 다 봉 구 게 관 예
데 사 스 핑 넷 법 지 가 렵 림 즐 도 술 스 예 춤
편 관 편 원 게 낚 털 킹 여 블 로 그 관 관 법 킹
커 권 시 야 구 농 심 다 공 법 낚 가 기 기 동 포
서 기 법 진 기 봉 게 재 시 캠 글 꼴 그 그 즐 동
캠 뿜 동 물 그 게 법 춤 즐 식 낚 임 스 다 기 하
야 봉 술 시 수 퍼 농 재 서 서 예 춤 다 스 관 관
소 프 트 웨 어 독 권 핑 야 공 캠 도 사 가 즐 권
휴 사 이 사 투 게 낚 농 낚 휴 권 가 독 심 서 원
독 봉 바 도 심 춤 포 사 재 연 구 마 츠 구 휴 공
메 스 독 시 독 기 서 낚 관 수 휴 야 다 캠 뿜 술
편 시 게 원 즐 화 면 바 이 러 스 춤 츠 수 하 수
예 법 지 도 통 계 렵 술 야 도 킹 편 봉 수 파 일
```

파일
블로그
바이트
카메라
커서
데이터
디지털
통계
글꼴
인터넷

연구
메시지
브라우저
컴퓨터
화면
보안
소프트웨어
가상
바이러스

18 - Números

핑 물 수 킹 게 구 열 예 심 수 포 야 권 츠 그 농
여 심 관 십 사 원 아 춤 영 아 물 재 츠 휴 봉 술
식 예 낚 스 휴 편 홉 여 사 렵 홉 재 독 시 림 퍼
수 스 예 퍼 킹 임 동 동 림 권 포 사 포 기 도 하
게 이 틴 림 림 마 술 재 농 그 진 사 편 법 마 휴
임 이 스 셋 독 구 동 식 가 십 진 수 여 뿜 독 식
캠 춤 킹 열 열 두 스 물 사 구 봉 두 심 덟 춤 춤
마 공 술 일 포 캠 캠 법 낚 예 독 스 술 가 캠 시
기 공 활 곱 일 구 낚 임 편 재 농 포 휴 림 기 기
춤 즐 진 동 심 관 임 도 즐 재 뿜 관 츠 퍼 식 봉
도 하 다 투 즐 이 야 구 게 구 서 서 게 휴 킹 가
야 그 투 동 임 진 예 즐 권 법 물 임 하 봉 관 식
십 팔 동 예 식 여 림 퍼 농 포 재 즐 스 가 기 마
야 농 여 낚 여 킹 즐 휴 림 마 춤 이 활 춤 포 퍼
기 사 법 권 독 예 다 스 구 임 술 공 삼 열 다 섯
임 그 휴 다 섯 술 캠 물 뿜 마 휴 도 수 캠 십 여

십사	아홉
다섯	여덟
십진수	열 다섯
열아홉	여섯
십팔	일곱
식스틴	열셋
열일곱	스물
열두	

19 - Física

이	봉	핑	그	심	독	농	퍼	춤	예	심	술	수	여	상	재
동	시	츠	수	심	스	진	스	활	동	관	분	퍼	핑	대	재
츠	진	권	마	독	투	도	춤	마	공	림	자	수	게	성	투
공	식	가	구	임	사	편	동	사	수	낚	원	렵	독	다	핑
마	중	동	캠	츠	츠	하	법	질	편	도	술	가	독	야	퍼
서	력	휴	캠	술	기	즐	임	량	법	물	물	가	가	퍼	관
포	시	기	렵	렵	하	예	도	활	예	법	여	스	수	속	즐
변	엔	진	술	수	사	이	서	독	그	관	빈	도	혼	돈	퍼
림	수	예	휴	도	이	스	투	림	술	시	마	속	편	수	재
휴	하	임	술	재	퍼	수	식	기	임	진	이	농	자	핑	구
공	낚	독	투	스	여	마	핑	임	술	시	밀	봉	기	하	동
법	농	하	봉	하	하	그	퍼	동	마	예	도	휴	즐	동	수
핵	마	물	춤	게	농	포	사	야	게	즐	권	스	독	마	뿜
동	재	법	뿜	도	이	수	여	뿜	재	렵	물	공	게	츠	핑
재	가	서	독	화	춤	동	입	진	수	낚	공	캠	핑	공	킹
물	스	춤	관	학	역	가	킹	자	전	게	동	농	캠	시	다

가속	질량
원자	역학
혼돈	분자
밀도	엔진
전자	입자
수식	화학
빈도	상대성
가스	변수
중력	속도
자기	

20 - Belleza

진	포	하	편	예	예	그	법	야	재	즐	임	이	임	낚	퍼
포	편	원	마	여	심	활	츠	봉	서	심	동	물	동	킹	킹
진	포	원	봉	야	즐	캠	독	농	뺌	캠	스	림	휴	수	농
마	포	관	식	관	구	그	재	게	스	심	기	심	독	색	마
낚	스	물	식	심	뺌	편	다	렵	식	춤	관	그	진	봉	수
시	킹	카	캠	심	여	시	활	닉	제	토	포	퍼	퍼	심	동
캠	동	다	라	가	위	캠	퍼	다	품	사	가	술	핑	화	시
우	아	도	문	장	가	운	러	끄	매	구	권	가	진	장	기
다	렵	투	투	야	뺌	도	진	다	력	원	수	춤	재	품	도
향	립	다	술	관	권	관	이	예	독	림	낚	수	독	예	예
기	권	스	가	법	즐	사	캠	퍼	캠	핑	도	춤	우	수	샴
심	여	퍼	틱	휴	도	수	스	투	시	여	법	다	아	공	푸
킹	마	피	부	거	울	이	재	봉	뺌	낚	법	투	한	기	마
독	기	휴	휴	편	권	그	이	재	동	야	기	동	봉	핑	다
야	춤	농	여	투	법	림	도	법	심	원	원	편	다	유	화
은	혜	봉	편	스	낚	동	물	림	도	그	원	서	비	스	농

유화	향기
샴푸	은혜
화장품	피부
우아	립스틱
우아한	제품
매력	마스카라
거울	서비스
문장가	매끄러운
포토제닉	가위

21 - Países #1

렵	편	기	하	스	투	사	핀	리	필	낚	온	두	라	스	브
여	사	춤	즐	이	동	도	뽐	편	비	모	로	코	즐	수	라
폴	란	드	사	캠	사	심	뽐	휴	그	아	리	탈	이	츠	질
휴	술	편	예	관	공	낚	여	시	츠	이	하	낚	츠	재	시
임	독	츠	투	아	스	킹	마	식	관	집	하	에	뽐	농	식
임	게	일	농	르	캠	투	캐	나	다	트	법	콰	하	예	퍼
그	동	이	재	헨	림	예	림	구	파	식	춤	도	마	물	술
포	시	마	즐	티	구	원	도	관	렵	식	시	르	술	야	투
법	벨	기	에	나	말	리	공	야	휴	노	르	웨	이	구	식
공	기	시	림	시	원	시	게	여	가	가	사	킹	기	관	휴
법	베	이	술	활	활	이	게	원	도	낚	즐	공	동	식	츠
사	네	술	즐	가	게	다	농	마	퍼	캠	야	구	니	포	이
재	수	이	하	술	재	술	인	도	술	공	야	식	카	포	사
농	엘	가	활	림	캠	시	페	독	기	핑	재	기	라	춤	춤
휴	라	술	식	농	권	공	스	심	관	투	킹	츠	과	사	법
임	낚	원	하	독	농	뽐	재	캠	물	마	예	활	즐	시	게

독일	인도
아르헨티나	이탈리아
벨기에	리비아
브라질	말리
캐나다	모로코
에콰도르	니카라과
이집트	노르웨이
스페인	파나마
필리핀	폴란드
온두라스	베네수엘라

22 - Mitología

전 설 구 공 기 권 림 춤 츠 핑 진 낚 뺌 뺌 술 예
수 렵 구 수 예 핑 사 투 수 퍼 활 춤 춤 마 수 농
편 법 여 낚 게 신 영 마 구 법 원 마 렵 이 하 예
다 재 농 생 물 념 식 웅 투 도 불 사 전 뺌 렵 핑
원 힘 미 궁 괴 즐 권 봉 천 투 농 사 활 관 휴 뺌
서 공 낚 복 물 구 스 편 둥 심 도 진 서 공 즐 게
퍼 원 게 수 재 해 임 관 그 원 하 도 물 임 가 원
즐 권 형 진 스 마 투 그 술 관 츠 술 가 츠 공 뺌
원 하 여 법 림 하 술 킹 서 시 문 화 기 스 가 심
뺌 퍼 권 투 뺌 공 봉 원 도 휴 진 핑 스 봉 야 술
휴 마 사 술 활 봉 투 독 구 다 도 뺌 츠 기 시 춤
캠 임 서 시 퍼 마 게 활 낚 물 활 심 식 투 캠 행
식 가 공 물 공 사 야 관 스 독 원 창 천 국 이 동
뺌 캠 스 권 술 게 술 법 도 독 술 조 농 임 낚 사
편 림 재 진 농 권 봉 킹 춤 서 시 휴 서 질 번 츠
야 가 사 시 여 림 투 수 마 사 시 낚 물 렵 투 개

원형
질투
천국
행동
창조
신념
생물
문화
재해

전사
영웅
불사
미궁
전설
괴물
번개
천둥
복수

23 - Ecología

```
권 원 공 수 츠 핑 관 자 가 선 즐 도 마 독 식 휴
편 다 임 물 여 게 심 연 자 박 서 관 핑 술 그 임
림 기 후 야 시 독 수 스 야 게 진 야 봉 게 캠 츠
원 춤 사 스 캠 서 림 러 가 구 야 마 가 류 시 킹
야 임 츠 핑 독 수 포 운 지 재 진 마 관 종 낚 스
림 춤 법 시 동 심 진 권 속 임 킹 그 동 야 투 서
뻠 활 즐 게 공 진 킹 관 가 동 휴 가 서 동 물 림
구 물 츠 구 활 렵 심 독 능 동 물 군 가 글 도 진
렵 뻠 구 킹 동 스 렵 플 한 예 춤 초 생 로 진 봉
낚 캠 임 원 식 마 편 로 다 양 성 목 존 벌 법 뻠
림 마 퍼 습 사 도 춤 라 투 식 권 심 하 킹 가 뭄
게 커 예 법 지 식 서 원 퍼 물 여 독 독 퍼 심 농
킹 산 뮤 다 도 이 봉 퍼 식 림 츠 하 권 편 동 스
다 가 임 니 야 포 사 독 츠 자 하 술 캠 마 다 림
킹 봉 서 포 티 하 뻠 게 즐 킹 원 재 수 킹 시 스
사 캠 원 퍼 마 사 퍼 투 가 스 봉 다 게 물 독 가
```

기후	자연
커뮤니티	습지
다양성	식물
동물군	자원
플로라	가뭄
글로벌	지속 가능한
서식지	생존
선박	종류
자연스러운	초목

24 - Casa

여	투	관	동	공	식	퍼	투	식	가	렵	침	실	수	샤	관
마	낚	독	춤	림	포	게	심	물	재	원	예	권	낚	워	렵
기	림	림	그	예	사	물	램	임	그	임	공	관	수	렵	봉
게	구	다	봉	물	포	비	프	야	가	퍼	거	울	야	렵	식
동	낚	예	농	낚	진	문	킹	렵	시	구	봉	임	권	핑	난
차	고	권	춤	바	구	물	가	츠	캠	기	진	렵	예	애	로
춤	독	가	서	닥	도	울	타	리	구	뽐	식	뽐	편	틱	캠
편	킹	투	식	활	다	술	이	도	휴	포	심	구	서	림	게
깔	개	사	여	독	심	진	식	봉	활	츠	창	봉	술	예	활
벽	춤	물	부	엌	킹	기	야	독	술	가	독	츠	캠	동	이
원	렵	이	하	지	수	진	활	마	즐	원	킹	농	캠	물	퍼
마	권	야	최	게	붕	관	가	이	권	킹	도	정	원	그	식
동	활	투	서	즐	술	뽐	렵	킹	마	물	서	서	그	임	술
술	킹	야	춤	관	진	편	수	도	꼭	지	캠	예	관	그	스
뽐	즐	법	활	킹	캠	휴	림	그	다	그	투	림	독	이	즐
춤	춤	캠	게	수	다	식	야	투	캠	춤	낚	낚	진	권	츠

깔개	차고
애틱	수도꼭지
도서관	정원
난로	램프
부엌	바닥
침실	최하부
샤워	지붕
거울	울타리

25 - Artes Visuales

재	서	관	점	하	예	낚	기	렵	봉	건	그	진	진	수	여
휴	그	물	투	재	술	스	야	농	그	축	낚	하	스	필	분
마	진	야	식	야	가	도	텐	가	퍼	학	가	춤	예	편	름
예	예	권	뽐	가	법	시	여	실	진	가	농	심	퍼	숯	기
휴	펜	권	활	렵	점	토	스	스	마	구	휴	진	서	진	농
물	예	구	포	킹	뽐	예	수	츠	포	구	임	물	동	다	재
임	동	뽐	마	예	원	수	그	퍼	공	성	킹	하	화	구	게
렵	관	농	구	술	서	관	퍼	기	술	서	그	이	가	야	도
식	야	봉	포	독	퍼	서	농	게	여	퍼	예	창	림	원	독
다	관	시	공	마	가	킹	그	편	원	편	그	의	심	동	식
그	투	사	진	물	물	야	임	마	사	게	법	성	술	편	독
편	권	술	봉	사	구	기	관	렵	낚	관	술	물	렵	관	진
이	예	렵	야	편	농	즐	퍼	예	관	가	바	가	권	다	진
야	캠	초	조	각	걸	술	예	가	기	기	공	니	여	사	사
시	재	상	핑	포	작	밀	물	야	공	스	구	사	시	연	필
도	기	화	하	그	하	랍	가	원	권	즐	캠	편	춤	사	관

점토	조각
건축학	사진
예술가	연필
바니시	걸작
화가	필름
밀랍	관점
도기	스텐실
구성	초상화
창의성	분필

26 - Salud y Bienestar #2

퍼	해	편	원	여	뽐	이	퍼	예	하	건	강	한	감	림	휴
츠	부	질	병	구	독	이	동	스	춤	기	임	위	캠	염	가
동	서	스	임	관	진	즐	츠	물	수	재	공	여	생	봉	림
편	다	식	구	소	화	뽐	독	퍼	독	재	편	즐	법	그	회
춤	술	농	스	독	활	기	마	사	지	독	기	편	구	핑	복
편	심	예	편	핑	식	임	가	물	사	너	알	레	르	기	낚
스	트	레	스	츠	킹	사	재	렵	활	캠	에	유	재	즐	핑
춤	어	독	스	심	투	편	여	낚	츠	재	그	전	포	포	피
임	이	수	그	이	서	뽐	물	캠	도	휴	물	학	캠	영	마
킹	다	임	하	독	진	뽐	임	활	하	퍼	칼	로	리	양	하
동	도	렵	식	수	진	술	기	동	여	시	물	재	독	수	공
임	동	핑	투	식	욕	심	렵	여	예	임	야	낚	게	구	술
비	타	민	포	권	뽐	이	하	기	킹	즐	독	마	춤	스	동
동	공	식	가	다	하	마	활	다	게	독	야	즐	기	원	법
편	편	심	독	사	기	임	무	게	봉	마	물	즐	스	그	킹
림	봉	림	킹	편	다	여	사	낚	권	심	술	츠	서	권	심

알레르기	위생
해부	병원
식욕	감염
칼로리	마사지
다이어트	영양
소화	무게
에너지	회복
질병	건강한
스트레스	비타민
유전학	

27 - Selva Tropical

예	름	기	후	공	수	기	킹	종	림	식	여	춤	퍼	법	구
복	구	활	동	퍼	예	기	귀	독	마	다	농	춤	즐	원	농
예	휴	가	술	임	편	서	중	휴	활	가	포	독	캠	물	물
임	서	술	하	물	구	킹	한	림	임	식	다	원	즐	투	공
수	투	이	물	핑	즐	시	봉	이	츠	구	임	양	자	연	봉
춤	다	그	끼	스	심	피	난	진	원	핑	휴	곤	성	게	양
법	편	봉	동	재	시	원	스	투	휴	식	기	즐	충	마	서
심	뺌	렵	원	기	농	포	독	동	뺌	휴	수	활	사	심	류
퍼	편	야	관	예	물	동	원	퍼	사	기	동	캠	권	여	조
동	법	킹	동	편	휴	임	다	물	스	관	식	물	봉	커	심
낚	하	여	낚	포	물	킹	킹	츠	원	포	림	핑	렵	뮤	심
즐	포	활	야	재	식	그	술	임	활	유	다	투	기	니	편
편	물	그	휴	기	뺌	도	심	권	여	류	낚	술	기	티	밀
낚	낚	하	서	투	도	렵	그	춤	물	농	림	캠	스	그	림
캠	물	낚	야	봉	츠	야	사	독	스	편	생	독	킹	킹	야
법	독	시	공	심	물	투	하	활	야	중	존	보	하	츠	이

양서류   구름
식물   조류
기후   보존
커뮤니티   피난
다양성   존중
곤충   복구
포유류   밀림
이끼   생존
자연   귀중한

28 - Colores

녹 색 식 서 서 공 스 도 렵 원 기 포 세 원 임 물
도 홍 독 독 렵 즐 남 빛 그 스 구 편 수 피 심 츠
동 자 권 즐 휴 술 물 늘 분 가 휴 하 바 관 아 이
기 가 법 사 낚 수 얀 하 홍 뿜 즐 재 이 식 서 공
블 랙 블 킹 동 편 여 투 수 하 수 사 올 렵 원 재
공 뿜 마 루 활 사 휴 가 낚 베 이 지 렛 독 편 핑
츠 낚 춤 뿜 림 재 기 진 예 갈 킹 스 심 독 시 다
법 편 활 동 츠 이 임 서 하 법 색 간 빨 봉 뿜 이
동 하 그 마 젠 타 사 야 투 그 회 킹 봉 퍼 즐 그
재 휴 춤 가 킹 하 봉 스 보 라 색 사 임 핑 낚 즐
그 재 기 편 츠 공 식 공 수 림 스 휴 편 가 휴 기
퍼 독 휴 킹 여 도 법 도 원 권 하 활 스 츠 봉 게
심 독 렵 낚 농 츠 권 법 농 사 여 시 킹 서 야 식
오 렌 지 핑 노 란 색 시 휴 마 킹 포 임 물 원 그
시 농 츠 휴 킹 물 휴 술 렵 서 춤 시 안 림 독 재
식 게 심 캠 기 수 식 마 핑 가 권 기 공 이 야 그

노란색	갈색
블루	오렌지
하늘빛	블랙
베이지	보라색
하얀	빨간색
시안	분홍
자홍색	세피아
회색	녹색
남빛	바이올렛
마젠타	

29 - Adjetivos #1

휴	낚	뽐	스	춤	도	식	투	구	순	임	이	서	순	물	물
다	구	킹	하	사	수	활	킹	야	진	구	뽐	마	수	츠	법
핑	수	활	투	활	법	춤	가	식	한	창	거	사	한	중	귀
법	공	무	거	운	야	림	수	느	린	어	농	뽐	술	재	원
서	포	원	봉	농	여	독	편	이	휴	완	시	현	대	기	게
원	구	림	임	수	서	구	이	가	공	벽	구	휴	하	물	물
다	투	원	동	서	술	재	게	도	시	한	캠	법	스	독	게
동	임	구	농	기	뽐	휴	즐	수	야	츠	대	권	임	독	렵
핑	뽐	동	원	물	킹	가	낚	심	야	진	물	거	즐	가	동
하	시	도	진	이	예	즐	스	각	렵	봉	재	원	하	농	공
츠	퍼	림	가	정	직	한	밝	한	서	공	사	가	림	어	하
활	중	요	야	법	캠	활	은	수	시	투	원	퍼	캠	두	독
식	동	관	농	술	퍼	임	이	게	여	게	동	그	캠	운	동
농	츠	적	시	식	야	관	포	즐	법	큰	수	심	림	기	스
동	기	스	인	적	력	매	대	다	술	츠	편	도	이	뽐	야
핑	구	예	이	예	캠	츠	다	한	방	향	족	활	다	심	킹

순수한	순진한
활동적인	어린
거창한	느린
방향족	현대
매력적인	어두운
밝은	완벽한
거대한	무거운
관대 한	심각한
정직한	귀중한
중요	

30 - Familia

동	가	편	모	하	다	독	퍼	투	진	스	휴	킹	그	여	낚
법	술	마	성	공	춤	어	할	머	니	남	편	식	포	마	시
서	낚	하	게	여	마	동	머	수	술	캠	봉	조	도	스	뽐
식	츠	이	림	선	도	퍼	관	니	도	기	관	카	이	투	진
뽐	어	린	이	조	술	물	하	시	다	임	그	봉	물	형	여
가	핑	재	사	즐	마	뽐	도	독	권	서	하	포	시	식	어
스	딸	스	기	그	구	농	가	구	관	서	자	매	춤	재	린
기	도	진	예	권	편	스	핑	활	야	권	심	공	독	시	시
손	하	뽐	농	내	아	버	지	수	술	핑	사	사	낚	심	절
구	자	하	법	법	활	춤	사	조	즐	그	삼	촌	서	동	다
공	포	식	포	활	공	휴	농	카	야	임	촌	사	게	서	임
하	물	심	그	독	게	이	농	딸	시	시	즐	야	이	핑	츠
여	하	포	사	퍼	게	할	아	버	지	춤	봉	춤	가	진	농
퍼	임	마	즐	포	수	봉	재	츠	권	이	다	활	봉	핑	농
뽐	도	권	서	캠	츠	물	술	관	활	법	법	도	여	킹	야
권	식	그	즐	퍼	마	스	그	가	이	모	하	다	법	투	포

할머니	손자
할아버지	아이
선조	어린이
아내	아버지
자매	사촌
어린 시절	조카딸
어머니	조카
남편	이모
모성	삼촌

31 - Disciplinas Científicas

동	야	임	스	봉	신	캠	재	재	재	독	츠	농	공	시	공
공	동	퍼	수	지	렵	경	편	츠	퍼	독	여	심	캠	물	공
봉	술	관	하	질	다	게	학	역	면	캠	동	킹	편	핑	가
이	킹	언	술	학	리	심	물	서	재	핑	진	진	하	진	이
그	즐	야	어	춤	임	법	광	렵	사	다	화	렵	퍼	투	예
가	쁨	공	투	학	회	사	도	예	서	임	학	상	기	원	포
공	그	열	역	학	고	고	핑	투	퍼	킹	물	여	포	포	게
수	봉	림	도	핑	스	마	권	활	핑	춤	식	기	렵	마	임
공	권	기	천	문	학	태	생	가	낚	츠	캠	이	포	휴	술
춤	그	퍼	역	생	리	학	예	법	가	봉	휴	식	즐	도	캠
구	하	술	학	식	임	물	시	즐	마	림	휴	그	관	스	쁨
관	생	즐	렵	하	마	동	서	수	물	권	이	구	법	원	사
스	물	진	서	그	캠	야	서	임	그	도	스	예	춤	독	물
진	학	봉	공	해	서	즐	공	예	생	사	마	낚	렵	예	공
술	쁨	가	킹	쁨	부	캠	즐	술	화	스	시	가	여	예	시
공	하	물	사	진	도	동	핑	춤	학	춤	낚	포	마	독	시

해부	언어학
고고학	역학
천문학	기상학
생물학	광물학
생화학	신경학
식물학	심리학
생태학	화학
생리학	사회학
지질학	열역학
면역학	동물학

32 - Cocina

서	츠	스	펀	지	임	킹	레	독	공	캠	수	포	야	낚	게
농	마	권	포	스	킹	권	시	렵	마	쁨	관	크	독	다	핑
마	투	림	퍼	휴	구	독	피	포	핑	퍼	포	편	농	독	술
즐	임	편	임	술	사	냉	즐	핑	낚	편	활	핑	사	그	진
국	관	낚	릴	원	원	게	장	낚	여	공	원	앞	치	마	권
자	가	핑	물	그	이	활	심	고	쁨	임	휴	봉	음	사	킹
여	관	쁨	봉	릇	구	심	원	관	임	포	이	킹	식	여	원
퍼	시	즐	마	항	아	리	동	휴	포	이	다	예	수	하	
재	춤	동	기	스	퍼	서	낚	냉	게	림	야	진	심	포	
도	사	관	심	게	식	다	투	칼	편	즐	독	이	진	투	
쁨	가	원	킹	림	공	임	게	렵	게	즐	신	림	이	야	권
컵	킹	도	낚	공	춤	게	구	게	공	활	술	원	봉	봉	시
예	관	공	수	식	게	기	이	진	구	림	료	봉	관	진	자
젓	오	브	즐	도	관	구	진	진	공	포	시	원	주	전	서
야	가	렵	휴	킹	킹	사	사	시	냅	야	즐	원	편	권	휴
퍼	봉	락	가	숟	킹	동	하	투	킨	퍼	게	수	관	그	서

음식	젓가락
냉동고	그릴
숟가락	레시피
국자	냉장고
앞치마	냅킨
향신료	항아리
스펀지	그릇
오븐	포크
주전자	

33 - Moda

물	법	도	스	관	술	다	하	이	킹	공	간	퍼	게	포	심
권	조	원	공	구	원	원	즐	심	현	대	단	퍼	여	재	물
의	직	본	투	수	관	투	낚	하	식	농	한	관	춤	츠	편
투	류	비	싼	렵	원	관	투	도	뿜	원	진	식	휴	공	시
재	포	포	측	그	캠	포	술	캠	구	뿜	야	수	실	춤	진
츠	구	하	정	가	원	핑	독	권	구	부	활	수	편	용	자
봉	그	포	시	진	임	재	관	겸	손	한	티	사	구	적	수
관	킹	킹	하	심	캠	독	무	술	여	뿜	농	크	재	인	재
렵	킹	이	마	핑	가	스	늬	권	포	게	기	일	원	레	권
가	캠	물	캠	퍼	법	식	여	우	다	구	낚	미	타	이	도
봉	킹	야	게	사	츠	식	뿜	아	동	게	법	니	야	스	그
춤	이	그	물	버	캠	춤	즐	한	캠	여	야	멀	활	원	렵
봉	공	낚	킹	튼	렵	사	공	림	하	낚	권	리	휴	물	여
츠	술	휴	이	마	정	림	투	마	원	임	활	스	농	휴	휴
야	수	편	야	권	교	포	핑	뿜	여	독	경	트	포	예	휴
법	야	공	진	독	한	술	봉	스	물	서	향	술	가	즐	림

자수	겸손한
버튼	원본
부티크	무늬
비싼	실용적인
우아한	의류
레이스	간단한
스타일	정교한
측정	경향
미니멀리스트	조직
현대	

34 - Electricidad

다	심	림	가	캠	공	동	하	편	츠	캠	권	기	렵	도	식
텔	법	진	활	회	예	임	독	구	공	농	구	긍	재	게	재
포	레	임	여	로	편	마	봉	하	츠	심	춤	즐	정	게	스
식	가	비	기	망	수	수	식	물	법	포	재	캠	핑	적	낚
킹	하	장	전	발	전	기	저	장	전	화	여	물	전	공	인
그	공	수	봉	여	진	뿜	진	마	예	법	봉	구	춤	편	킹
야	사	농	편	봉	술	춤	렵	즐	권	배	터	리	핑	낚	사
하	게	법	재	편	스	전	동	관	사	렵	낚	스	휴	봉	뿜
구	독	농	뿜	술	휴	선	하	램	프	구	수	동	뿜	권	다
자	다	예	법	마	여	시	원	구	양	다	레	이	저	동	여
킹	석	사	권	여	캠	식	술	캠	재	가	편	다	활	소	켓
편	림	뿜	다	이	시	휴	재	야	캠	관	킹	스	퍼	렵	림
림	휴	부	구	퍼	여	수	게	재	재	포	림	케	편	진	춤
가	그	정	예	마	도	구	사	법	원	술	봉	이	하	즐	사
렵	진	적	낚	임	예	원	물	가	임	휴	법	블	킹	그	도
렵	포	인	시	물	술	수	게	휴	그	스	시	킹	림	물	동

저장   자석
배터리   램프
케이블   레이저
전선   부정적인
전공   사물
전기   긍정적 인
소켓   회로망
장비   텔레비전
발전기   전화

35 - Salud y Bienestar #1

권	구	가	피	공	캠	이	재	뽐	도	마	수	진	투	편	골
기	도	춤	부	여	즐	휴	심	투	킹	재	박	테	리	아	절
춤	독	농	뽐	퍼	휴	낚	마	진	관	술	퍼	기	춤	반	서
동	즐	봉	심	진	원	포	공	스	료	서	서	렵	서	사	임
치	활	즐	휴	투	술	독	다	렵	렵	소	춤	투	렵	렵	의
스	료	임	렵	휴	다	권	사	물	호	다	휴	식	농	활	심
핑	농	동	야	시	농	수	동	농	르	마	바	퍼	츠	즐	동
편	휴	즐	키	렵	퍼	사	임	야	몬	동	이	야	여	요	투
휴	심	킹	재	습	활	휴	서	진	법	재	러	권	여	법	춤
임	뽐	수	사	관	킹	림	여	핑	투	법	스	뽐	식	뽐	원
진	춤	시	야	춤	사	뼈	게	낚	농	독	공	마	구	춤	예
마	뽐	봉	임	시	물	식	구	여	독	수	활	구	식	츠	뽐
동	렵	마	공	편	렵	약	국	야	봉	캠	농	활	동	적	인
캠	서	술	하	봉	뽐	수	권	물	야	자	포	그	여	봉	스
원	굶	주	림	독	낚	스	사	킹	심	세	캠	핑	예	춤	사
활	퍼	낚	휴	활	낚	원	사	캠	근	육	이	시	야	퍼	약

활동적인   근육
박테리아   피부
진료소   자세
의사   반사
약국   휴식
골절   요법
굶주림   치료
습관   바이러스
호르몬

36 - Adjetivos #2

진	킹	흥	권	동	여	즐	정	술	우	식	건	권	투	예	마
하	창	미	편	춤	극	적	인	상	아	운	강	휴	원	른	
스	조	로	식	생	산	적	인	쁨	한	도	츠	관	한	캠	진
원	적	운	러	스	연	자	시	츠	선	예	물	핑	책	임	스
스	하	식	츠	츠	예	퍼	다	재	신	시	이	즐	예	게	이
렵	농	츠	포	봉	구	킹	권	관	식	게	유	하	관	식	식
봉	마	킹	츠	공	하	활	퍼	새	하	용	명	츠	춤	낚	구
피	츠	구	퍼	도	렵	가	동	로	스	농	한	원	술	하	스
곤	마	킹	심	쁨	술	서	야	운	독	투	퍼	야	편	그	물
한	게	즐	쁨	다	독	기	공	물	캠	독	공	구	츠	서	원
츠	하	독	진	게	식	독	이	기	자	하	사	핑	야	마	이
식	쁨	재	퍼	스	춤	이	원	야	랑	기	재	캠	하	즐	봉
즐	츠	낚	원	도	심	낚	스	수	스	캠	마	사	동	서	진
설	명	렵	핑	그	봉	농	여	에	러	게	야	킹	진	동	진
권	편	독	물	술	예	림	강	한	운	그	예	봉	재	포	진
스	짠	여	술	수	휴	원	마	술	하	독	가	물	휴	동	진

피곤한	자연스러운
식용	정상
창조적	새로운
설명	자랑스러운
극적인	매운
우아한	생산적인
유명한	책임
신선한	건강한
강한	마른
흥미로운	

37 - Cuerpo Humano

포	재	즐	마	구	편	그	예	턱	목	도	마	캠	츠	농	이
스	입	다	시	하	재	동	술	사	봉	구	예	킹	동	투	코
어	깨	사	즐	활	낚	춤	팔	꿈	치	퍼	재	투	독	농	심
봉	서	도	수	이	권	투	다	춤	술	낚	게	마	투	퍼	퍼
피	물	투	식	심	술	뇌	심	림	독	심	마	츠	독	하	가
부	츠	하	하	츠	다	킹	법	핑	법	권	춤	킹	츠	관	원
여	마	게	가	다	렵	다	농	법	식	사	춤	심	농	재	도
하	서	퍼	혀	휴	야	권	기	다	심	렵	공	심	물	피	스
원	이	법	게	물	농	다	뿜	게	장	하	춤	츠	수	서	예
진	춤	춤	공	서	포	츠	진	게	술	관	법	야	임	얼	춤
츠	권	법	예	하	여	츠	권	농	활	봉	편	캠	물	굴	마
츠	그	게	마	심	시	눈	투	원	서	투	관	발	독	수	귀
진	도	심	무	릎	도	편	핑	다	리	심	시	목	수	임	물
손	가	락	뿜	독	게	게	예	구	머	편	스	공	즐	휴	봉
수	심	스	권	야	독	봉	공	구	식	그	렵	포	기	독	활
다	핑	수	법	킹	휴	츠	즐	다	휴	공	봉	그	그	림	뿜

머리	어깨
얼굴	피부
팔꿈치	다리
심장	무릎
손가락	발목

38 - Calentamiento Global

농	핑	권	독	렵	독	캠	물	봉	온	야	식	여	낚	활	스
시	임	편	렵	구	뽐	과	학	자	도	구	재	데	이	터	림
구	독	뽐	구	봉	하	핑	핑	개	마	농	심	시	물	이	활
기	독	뽐	야	편	춤	주	의	발	활	산	인	북	극	동	편
휴	편	기	농	시	도	그	활	이	관	업	재	구	기	입	법
캠	춤	기	법	봉	국	즐	권	원	기	기	휴	농	사	독	시
활	활	에	렵	위	제	편	구	즐	임	춤	관	뽐	춤	츠	편
관	관	너	구	후	기	가	스	핑	마	관	진	림	정	활	세
관	술	지	물	캠	재	봉	예	즐	즐	마	가	구	그	부	대
활	농	권	야	농	스	다	원	야	퍼	스	미	법	츠	원	서
퍼	편	동	공	기	활	뽐	휴	투	포	구	래	사	캠	즐	권
뽐	관	마	스	관	투	공	술	물	휴	림	휴	여	권	기	법
농	림	심	동	원	여	관	하	그	렵	시	투	동	동	사	권
림	농	활	물	활	동	츠	휴	그	봉	진	관	캠	원	시	재
렵	수	다	포	뽐	퍼	결	독	시	활	원	하	활	재	춤	진
사	수	기	낚	환	경	과	지	금	법	농	낚	마	야	즐	뽐

지금
환경
주의
북극
과학자
기후
결과
위기
데이터
개발

에너지
미래
가스
세대
정부
산업
국제
입법
인구
온도

39 - Ciencia

가	심	다	수	물	물	활	권	즐	뿜	스	과	그	술	데	봉
스	공	킹	심	다	뿜	식	즐	동	휴	림	림	학	연	이	봉
핑	여	시	편	퍼	동	게	포	술	하	낚	분	자	자	터	권
공	캠	투	렵	시	공	휴	동	동	임	하	포	림	캠	킹	퍼
가	설	봉	관	임	휴	야	기	중	탄	농	여	마	게	춤	법
심	권	실	험	게	포	춤	물	력	츠	산	술	봉	렵	스	술
원	스	법	재	스	게	렵	츠	기	독	그	수	캠	원	캠	사
자	캠	마	예	가	스	다	투	게	기	핑	동	편	독	예	낚
즐	포	여	법	술	농	관	포	예	하	춤	렵	법	봉	스	구
투	봉	서	사	관	마	수	마	뿜	술	식	야	독	봉	활	식
뿜	휴	물	동	독	진	독	편	여	퍼	학	리	물	뿜	활	게
실	퍼	기	물	사	재	낚	캠	술	투	즐	봉	낚	법	권	즐
험	투	수	여	춤	이	가	마	진	핑	식	공	수	원	심	원
실	방	법	서	독	후	마	예	스	게	게	입	시	도	그	휴
사	낚	화	석	유	기	체	퍼	캠	기	츠	자	낚	기	활	물
실	화	학	춤	게	가	독	서	낚	동	관	진	화	뿜	퍼	포

원자	가설
과학자	실험실
기후	방법
데이터	탄산수
진화	분자
실험	자연
물리학	유기체
화석	입자
중력	식물
사실	화학

40 - Restaurante #2

다 하 투 식 독 하 낚 구 렵 춤 임 캠 술 낚 재 여
관 렵 캠 구 가 렵 휴 야 츠 도 술 진 뽐 활 춤 숲
림 물 고 기 국 얼 케 이 크 포 즐 핑 마 렵 농 가
과 일 식 기 수 음 킹 샐 러 드 스 킹 하 포 공 락
저 농 킹 기 킹 예 포 동 원 봉 도 기 법 도 구 술
뽐 녁 진 점 심 하 렵 활 퍼 렵 그 뽐 물 법 진 서
휴 도 식 시 도 야 휴 농 식 다 이 법 춤 예 킹 야
다 의 맛 사 야 봉 스 포 활 뽐 임 캠 구 포 여 림
식 자 다 있 츠 진 원 킹 마 독 웨 이 터 구 그 기
수 전 투 스 는 퍼 킹 서 게 구 관 여 림 식 기 수
즐 채 휴 독 도 츠 공 시 캠 이 관 활 다 편 권 프
야 재 재 낚 채 소 핑 수 시 가 츠 낚 투 구 수 독
향 농 예 도 게 임 임 야 마 진 편 포 재 렵 림 캠
술 신 스 즐 야 식 킹 예 림 킹 가 편 편 시 츠 법
예 권 료 음 봉 여 예 시 하 재 식 시 핑 심 게 렵
킹 소 금 이 투 기 물 하 렵 이 활 그 심 스 법 재

점심   과일
전채   얼음
음료   케이크
웨이터   물고기
저녁 식사   소금
숟가락   의자
맛있는   수프
샐러드   포크
향신료   채소
국수

41 - Profesiones #1

의	사	서	즐	투	심	여	사	심	기	법	게	포	공	관	천
기	심	지	심	예	렵	식	수	핑	휴	낚	식	관	대	낚	문
독	이	도	리	원	진	원	마	하	코	배	마	마	포	사	학
선	독	제	학	진	공	스	마	이	치	관	마	진	농	농	자
하	수	작	자	수	기	기	봉	게	기	공	수	변	호	사	집
즐	원	자	학	림	구	사	호	간	술	게	식	음	악	가	편
공	공	동	질	하	즐	림	냥	기	댄	서	츠	식	퍼	마	게
권	봉	재	지	원	진	스	편	꾼	구	관	퍼	기	재	동	야
농	봉	원	이	피	아	니	스	트	소	재	다	구	핑	심	춤
여	킹	원	렵	쁨	여	츠	투	이	방	활	즐	법	구	활	다
도	낚	킹	보	석	상	심	물	마	관	원	임	봉	쁨	봉	기
가	츠	법	킹	츠	사	기	식	하	진	핑	원	구	봉	쁨	가
동	게	사	야	임	이	독	봉	진	즐	수	농	기	임	핑	편
독	포	포	심	도	식	독	봉	예	하	의	원	서	마	예	핑
은	행	가	가	쁨	포	휴	시	술	임	사	구	심	시	낚	독
독	시	여	활	그	시	춤	렵	사	핑	편	림	서	수	심	킹

변호사	대사
천문학자	간호사
선수	코치
댄서	배관공
은행가	지질학자
소방관	보석상
지도 제작자	음악가
사냥꾼	피아니스트
의사	심리학자
편집자	수의사

42 - Vehículos

하	야	편	게	구	동	낚	수	수	봉	공	서	투	잠	수	함
독	춤	헬	리	콥	터	렵	예	뗏	서	활	임	나	포	동	스
비	농	이	다	물	마	즐	임	목	츠	진	포	스	룻	로	켓
행	법	렵	투	핑	스	렵	포	퍼	구	춤	서	하	물	배	예
기	자	도	식	타	이	어	퍼	춤	이	물	임	원	핑	가	구
캐	농	전	림	쁨	쁨	예	권	법	야	춤	낚	봉	트	랙	터
심	러	캠	거	야	퍼	관	시	예	퍼	게	활	법	렵	사	농
그	독	밴	이	사	진	이	이	가	춤	야	식	게	활	봉	게
시	심	택	시	차	이	농	이	심	기	원	기	도	동	공	심
하	구	사	임	급	원	독	그	임	임	여	림	야	마	야	야
활	야	낚	낚	구	기	킹	여	동	술	원	반	사	예	그	농
여	쁨	수	림	낚	차	트	럭	야	게	원	가	법	권	킹	원
다	권	농	서	버	스	캠	식	가	서	원	휴	구	포	모	봉
농	원	이	춤	스	공	낚	술	식	림	공	다	독	기	터	즐
쁨	마	렵	게	츠	핑	가	핑	즐	마	렵	렵	핑	게	게	구
지	하	철	사	독	렵	권	투	투	수	독	스	공	쁨	게	관

구급차 헬리콥터
버스 지하철
비행기 모터
뗏목 타이어
자전거 잠수함
트럭 택시
캐러밴 트랙터
로켓 기차
나룻배

43 - Geometría

시	도	수	뽐	곡	킹	도	수	렵	여	하	구	하	낚	그	식
삼	각	형	예	선	서	키	질	이	퍼	렵	활	다	원	뽐	기
대	시	방	핑	츠	다	물	량	분	원	림	임	그	심	춤	스
칭	치	정	그	하	렵	권	재	절	원	츠	구	투	식	수	시
봉	수	식	렵	기	구	휴	독	림	농	즐	활	예	동	물	관
활	동	렵	캠	술	낚	기	하	낚	활	수	심	게	휴	관	서
뽐	사	서	퍼	낚	예	논	술	퍼	여	스	스	게	춤	그	춤
킹	가	편	임	포	림	농	리	춤	낚	림	법	낚	술	림	관
마	표	봉	림	권	관	독	킹	재	시	구	수	평	사	퍼	림
재	수	면	지	름	사	공	기	포	활	야	재	법	마	낚	독
하	그	예	기	농	다	도	예	수	활	쁨	시	낚	물	활	독
임	킹	평	세	로	물	야	관	관	스	춤	비	사	그	식	이
림	여	행	독	이	캠	재	쁨	물	계	산	휴	율	퍼	그	론
중	앙	값	다	사	림	물	물	수	식	권	여	사	활	시	림
게	핑	하	렵	야	독	투	임	관	임	법	뽐	술	독	진	심
마	활	원	캠	퍼	킹	동	킹	구	구	마	심	여	도	렵	그

각도	중앙값
계산	평행
곡선	비율
지름	분절
치수	대칭
방정식	표면
수평	이론
논리	삼각형
질량	세로

44 - Vacaciones #2

```
수 퍼 츠 야 봉 독 퍼 호 외 재 다 캠 식 캠 즐 스
킹 독 식 춤 도 핑 캠 텔 국 전 세 사 공 즐 식 마
진 캠 퍼 렵 야 포 기 즐 인 식 식 그 기 캠 수 캠
휴 렵 시 캠 서 동 차 즐 킹 츠 뿜 권 즐 텐 농 물
킹 츠 림 농 법 낚 예 킹 기 공 공 여 기 춤 관 스
구 캠 휴 도 서 스 캠 킹 즐 임 도 투 가 해 휴 농
하 시 식 당 활 뿜 편 그 스 섬 게 예 림 변 여 그
동 구 공 임 그 야 재 퍼 재 원 예 림 투 기 원 서
츠 독 편 게 관 여 포 편 예 다 독 심 그 즐 게 물
기 재 재 바 공 낚 물 즐 시 낚 핑 휴 캠 활 도 공
즐 봉 이 다 하 렵 공 진 원 그 그 일 핑 즐 택 시
지 도 그 낚 심 공 도 교 캠 관 권 공 항 낚 포 렵
적 사 진 예 심 사 활 임 통 동 이 편 스 여 행 수
목 퍼 이 구 예 하 렵 도 춤 관 임 임 핑 여 농 예
동 재 권 권 투 독 비 자 마 법 권 낚 야 농 예 술
게 하 공 임 렵 여 하 하 이 포 휴 투 게 림 농 술
```

공항	해변
텐트	전세
목적지	식당
외국인	택시
사진	교통
호텔	기차
지도	휴일
바다	여행
여가	비자
여권	

45 - Matemáticas

서 그 다 둘 술 법 가 렵 마 법 재 휴 낚 포 다 서
마 봉 구 레 즐 편 편 투 술 즐 관 킹 마 캠 츠 킹
물 편 하 하 방 진 식 원 사 뿜 낚 편 관 활 농 원
활 투 투 농 렵 정 뿜 임 활 활 서 식 권 킹 원 게
십 다 이 기 임 수 식 수 구 림 심 투 원 심 대 하
진 마 활 기 핑 투 퍼 편 관 렵 삼 법 공 법 칭 뿜
수 산 임 사 하 원 법 스 스 도 각 농 낚 편 낚 공
지 음 서 식 진 학 농 예 심 진 형 변 사 행 평 다
멱 량 투 도 구 하 투 수 직 가 각 각 활 퍼 봉 각
하 야 츠 츠 체 여 낚 예 림 예 사 구 사 뿜 동 형
그 춤 킹 게 포 렵 츠 렵 시 핑 직 마 하 정 권 농
춤 물 심 평 행 하 농 원 츠 동 그 캠 킹 그 독 투
기 시 가 동 물 렵 동 스 식 캠 예 춤 춤 수 술 게
관 지 진 농 법 활 뿜 시 포 다 분 수 반 지 름 사
낚 름 법 진 하 구 이 뿜 구 독 다 진 가 스 진 야
수 즐 렵 춤 식 도 그 사 렵 퍼 독 기 낚 권 투 활

산수   기하학
각도   평행
둘레   평행사변형
정사각형   수직
십진수   다각형
지름   반지름
방정식   직사각형
구체   대칭
멱지수   삼각형
분수   음량

46 - Profesiones #2

외	의	사	형	식	그	농	예	스	공	킹	식	퍼	하	낚	림
여	과	투	그	관	킹	재	여	물	하	시	관	스	퍼	법	이
서	봉	의	공	춤	원	투	투	술	가	츠	춤	마	렵	식	이
하	시	농	사	원	정	핑	임	관	핑	권	권	농	도	권	농
림	서	그	의	종	이	춤	진	진	투	그	공	농	술	마	렵
캠	마	춤	과	이	조	예	즐	투	구	우	뽐	물	휴	물	낚
뽐	츠	낚	치	임	낚	동	연	구	원	동	주	동	화	가	식
킹	츠	렵	휴	시	수	서	캠	활	여	독	동	비	동	작	편
재	기	투	원	권	퍼	핑	예	법	발	명	자	기	행	진	독
편	농	예	관	구	엔	식	진	여	킹	이	학	게	철	사	이
농	렵	마	뽐	시	지	진	편	이	서	공	물	자	학	물	동
기	편	관	진	시	니	식	도	관	즐	시	생	수	자	뽐	수
원	임	렵	춤	임	어	츠	원	독	서	임	마	독	학	사	서
기	휴	킹	여	가	퍼	임	다	이	이	선	생	님	어	퍼	다
수	림	스	심	농	술	활	권	이	동	원	사	스	언	물	시
편	일	러	스	트	레	이	터	여	편	구	게	츠	야	림	동

우주 비행사	발명자
사서	연구원
생물학자	정원사
외과 의사	언어학자
치과 의사	의사
형사	기자
철학자	조종사
사진 작가	화가
일러스트레이터	선생님
엔지니어	동물학자

47 - Senderismo

예	낙	가	관	기	하	공	그	피	퍼	마	물	투	여	활	관
핑	독	봉	킹	야	사	가	심	곤	하	킹	수	게	예	물	재
서	독	퍼	서	편	기	사	게	한	임	수	재	도	퍼	게	진
지	이	편	심	동	낚	농	편	휴	부	츠	캠	마	휴	술	재
러	도	게	핑	물	킹	캠	활	도	츠	식	휴	킹	서	진	휴
떠	뻠	가	진	다	예	수	스	낚	서	즐	활	야	스	권	법
낭	렵	다	퍼	낚	태	무	거	운	밋	다	봉	포	게	춤	농
하	캠	식	다	봉	양	편	포	다	즐	재	사	하	농	춤	핑
심	핑	편	재	술	기	후	법	캠	사	게	핑	가	림	마	재
핑	공	휴	재	구	물	모	렵	준	퍼	독	렵	이	수	동	휴
스	동	게	캠	법	원	사	스	비	진	식	자	드	그	돌	활
임	즐	예	마	캠	즐	사	이	정	위	기	식	연	포	권	활
마	스	진	가	렵	캠	도	식	포	즐	활	게	낚	그	공	수
도	권	여	관	시	식	퍼	휴	원	춤	뻠	뻠	구	서	원	예
캠	물	낚	원	동	활	사	산	스	수	원	서	물	원	심	다
도	킹	야	춤	도	시	즐	이	가	휴	원	야	생	포	핑	수

낭떠러지   모기
동물   자연
부츠   정위
캠핑   공원
피곤한   무거운
기후   준비
서밋   야생
가이드   태양
지도

48 - Naturaleza

원	권	투	가	스	심	캠	재	재	킹	렵	도	하	림	림	재
캠	서	킹	심	식	잎	하	즐	강	휴	핑	킹	하	식	츠	츠
도	렵	식	독	츠	춤	활	휴	가	농	퍼	아	름	다	움	수
춤	즐	투	츠	하	하	술	봉	기	휴	권	마	구	스	투	하
부	식	게	빙	편	법	예	하	농	농	임	활	킹	림	즐	편
재	킹	원	하	관	서	물	공	활	재	게	동	활	낚	핑	임
수	심	원	츠	물	구	야	재	수	권	스	심	심	임	물	권
야	생	절	림	동	독	림	낚	활	수	마	림	재	심	스	원
고	요	한	벽	편	적	임	가	예	도	츠	즐	야	술	캠	즐
재	그	활	다	이	그	수	숲	사	막	캠	구	그	스	기	수
북	평	물	활	캠	구	스	스	여	가	핑	기	렵	예	여	서
극	킹	화	산	법	법	그	수	마	활	식	기	활	렵	게	활
물	수	안	로	농	즐	진	진	춤	퍼	도	봉	식	핑	재	진
게	독	개	구	운	뿜	츠	스	동	법	관	활	가	공	수
퍼	관	캠	림	열	대	술	봉	활	춤	춤	권	식	법	킹	핑
게	서	휴	가	그	성	역	꿀	벌	농	재	핑	서	관	여	심

꿀벌	빙하
절벽	안개
동물	구름
북극	평화로운
아름다움	야생
사막	성역
동적	고요한
부식	열대

49 - Conduciendo

술	여	활	구	안	가	야	임	지	서	원	야	원	서	특	물
하	마	구	연	전	림	시	오	독	도	활	수	원	독	허	즐
스	사	여	료	활	시	휴	토	서	속	법	츠	보	행	자	봉
모	심	하	춤	퍼	식	킹	바	봉	공	사	즐	트	럭	도	휴
뿜	터	재	여	츠	공	농	이	킹	사	법	권	렵	식	수	도
도	사	게	법	가	낚	독	고	차	고	포	기	야	임	식	구
사	심	시	시	경	찰	포	동	진	교	통	핑	휴	즐	그	수
기	재	게	렵	츠	동	마	봉	림	즐	야	진	진	농	마	심
구	동	구	임	도	게	마	농	터	널	수	휴	마	휴	휴	동
렵	서	퍼	게	츠	관	마	마	휴	포	서	투	렵	서	가	술
술	구	마	게	낚	독	재	킹	임	편	거	리	하	버	스	이
동	공	법	가	식	핑	그	수	낚	농	관	캠	위	춤	츠	심
이	핑	마	예	스	츠	식	편	서	춤	진	임	험	그	포	기
브	레	이	크	권	관	투	물	도	임	가	술	킹	투	구	재
사	수	퍼	임	포	렵	수	식	편	독	봉	예	그	마	포	이
다	농	법	마	즐	독	임	림	사	술	캠	뿜	구	퍼	휴	법

사고	오토바이
버스	모터
거리	보행자
트럭	위험
연료	경찰
브레이크	안전
차고	교통
가스	터널
특허	속도
지도	

50 - Ballet

이	킹	시	봉	연	습	수	독	청	중	스	타	일	낚	원	가
휴	사	포	다	법	그	예	사	주	원	투	킹	편	물	활	휴
권	스	그	법	마	투	편	원	기	스	츠	편	투	도	식	시
듬	재	관	휴	권	이	동	스	퍼	진	캠	퍼	강	예	기	림
리	림	재	술	이	림	임	다	식	기	서	오	렬	법	술	수
낚	허	임	낚	쁨	예	춤	킹	가	식	법	케	함	핑	즐	캠
물	농	설	활	야	농	여	킹	킹	퍼	캠	스	동	하	공	사
근	포	재	사	춤	기	임	기	공	봉	퍼	트	활	여	구	렵
육	기	재	캠	서	구	임	예	킹	투	츠	라	나	독	음	악
안	예	술	적	하	임	활	가	낚	공	심	다	타	휴	여	독
렵	무	발	레	리	나	관	편	여	편	수	수	내	공	렵	야
여	림	권	즐	야	활	이	관	구	이	작	업	는	그	봉	법
물	관	활	술	쁨	기	법	술	가	낚	곡	야	구	편	퍼	이
편	봉	재	낚	기	다	임	제	스	처	가	즐	하	박	수	술
춤	스	활	핑	물	농	구	봉	구	핑	여	봉	즐	수	가	봉
하	투	사	핑	식	물	렵	다	댄	서	농	도	마	관	낚	그

박수	제스처
예술적	강렬함
청중	수업
발레리나	근육
댄서	음악
작곡가	오케스트라
안무	연습
리허설	리듬
스타일	독주
나타내는	기술

51 - Aventura

봉	도	뽐	식	독	임	하	게	이	야	즐	목	봉	관	춤	서
농	술	재	독	렵	자	연	재	춤	진	술	적	공	동	가	림
그	스	친	뽐	아	다	서	게	예	사	열	지	림	기	하	사
가	뽐	물	구	름	구	스	림	원	동	투	광	도	즐	재	재
하	렵	퍼	마	다	동	기	퍼	휴	독	퍼	물	소	풍	임	즐
도	낚	안	전	움	동	킹	렵	항	다	놀	라	운	마	이	포
춤	즐	퍼	재	려	림	재	물	해	일	정	진	로	여	춤	츠
시	여	츠	편	어	구	법	다	술	퍼	재	다	새	활	즐	공
가	도	다	뽐	서	즐	하	가	사	게	투	스	원	캠	야	이
공	게	기	킹	렵	마	술	기	용	킹	술	사	봉	활	구	기
캠	춤	뽐	퍼	다	퍼	도	회	감	독	특	여	농	서	물	술
즐	캠	뽐	여	핑	이	농	서	관	뽐	이	재	독	수	술	츠
재	심	원	농	즐	렵	츠	관	준	비	한	위	핑	킹	포	진
투	낚	스	시	여	츠	휴	봉	림	뽐	공	렵	험	법	핑	시
활	원	심	렵	투	퍼	캠	임	농	핑	즐	재	휴	한	원	스
동	즐	진	춤	게	독	투	그	그	여	킹	포	림	봉	이	공

활동	자연
기쁨	항해
친구	새로운
아름다움	기회
목적지	위험한
어려움	준비
열광	안전
소풍	놀라운
특이한	용감
일정	

52 - Pájaros

휴 공 도 봉 법 여 하 술 임 술 즐 그 하 법 야 낚
낚 스 백 조 춤 핑 츠 공 마 캠 기 다 게 심 관 하
예 비 시 타 공 임 식 봉 독 봉 공 농 계 란 다 물
즐 서 둘 다 술 구 야 림 서 다 렵 서 시 즐 술 기
동 시 그 기 하 야 헤 원 투 마 가 편 캠 휴 도 여
관 독 임 핑 사 물 론 식 뻐 핑 동 핑 킹 봉 기 하
휴 여 권 기 매 갈 오 법 플 꾸 춤 시 퍼 기 림 퍼
예 게 서 임 가 새 리 부 낚 라 기 펭 권 펠 리 컨
포 공 가 하 기 쁨 마 예 하 낚 밍 츠 투 춤 여 권
도 술 즐 휴 동 여 마 진 구 재 휴 고 공 림 앵 거
투 게 서 법 림 까 포 임 시 킹 관 기 예 투 무 위
스 하 다 킹 즐 마 여 예 독 동 술 동 여 여 새 황
독 렵 법 진 여 귀 독 수 리 야 마 농 춤 핑 참 편
수 사 킹 원 식 식 임 핑 쁨 핑 기 임 술 진 예 하
동 포 권 진 독 캠 도 춤 츠 쁨 서 야 서 진 동 즐
시 림 다 이 낚 포 권 원 닭 관 권 스 사 핑 예 농

타조	갈매기
독수리	참새
황새	계란
백조	앵무새
뻐꾸기	비둘기
까마귀	오리
플라밍고	펠리컨
거위	펭귄
헤론	부리새

53 - Geografía

농	포	가	동	아	림	공	법	포	예	자	법	진	휴	재	서
휴	킹	츠	퍼	낚	틀	독	츠	예	캠	오	영	낚	공	심	쪽
세	계	림	술	봉	재	라	킹	쁨	섬	선	토	가	공	예	독
포	봉	구	심	야	가	술	스	포	츠	물	권	츠	식	독	위
구	농	구	포	시	예	야	퍼	렵	기	다	대	륙	마	독	도
핑	봉	츠	도	술	퍼	동	여	핑	휴	재	스	관	마	시	반
이	퍼	물	독	스	바	도	츠	관	서	쁨	농	다	봉	낚	구
물	이	심	관	재	다	법	동	활	렵	수	시	휴	임	스	낚
공	동	스	술	독	관	퍼	시	이	퍼	술	게	편	춤	물	즐
즐	게	킹	기	여	심	물	진	투	춤	이	수	공	법	도	포
동	시	술	술	예	예	재	식	도	예	즐	낚	수	그	술	포
야	기	도	고	가	법	농	게	독	휴	림	임	쁨	그	도	렵
강	역	지	시	핑	식	림	식	낚	임	법	스	진	킹	국	예
법	츠	관	하	휴	편	쁨	그	편	편	가	동	림	농	가	스
가	남	쪽	츠	캠	츠	서	그	독	사	동	경	도	렵	공	사
춤	관	북	수	캠	캠	시	산	편	심	렵	렵	여	봉	봉	다

고도	자오선
아틀라스	세계
도시	북쪽
대륙	서쪽
반구	국가
위도	지역
경도	남쪽
지도	영토
바다	

54 - Música

```
앨 범 여 민 요 다 마 춤 기 심 다 기 즐 권 렵 츠
사 시 사 봉 고 식 이 마 식 그 수 권 서 식 휴 마 가
도 적 수 핑 편 전 크 예 여 퍼 마 노 래 음 악 가 고
가 야 킹 악 이 가 수 수 뽐 술 동 낚 스 파 조 고 화
마 춤 킹 편 기 수 농 진 권 술 권 예 공 즐 즐 화 편
임 뽐 그 캠 농 시 진 여 퍼 관 구 법 마 여 식 야 공
야 독 농 림 권 멜 로 디 속 도 원 렵 뮤 식 야 스 림
포 춤 포 서 심 관 게 술 캠 즐 재 진 지 즐 예 스 서
렵 포 식 심 구 편 예 식 시 캠 사 시 컬 보 예 다 그
다 이 식 낚 재 렵 편 기 즉 흥 적 으 로 농 다 독 서
킹 야 사 가 기 이 활 도 다 술 사 진 관 투 독 가 춤
관 뽐 즐 투 낚 도 츠 핑 사 리 녹 동 편 구 가 도 예
독 구 재 포 합 진 법 독 하 듬 음 림 휴 심 도 활 렵
공 진 독 심 창 시 도 술 캠 투 원 활 관 임 활 도 농
도 술 츠 예 술 포 야 가 재 법 심 낚 활 도 도 서 퍼
진 도 투 휴 여 즐 기 원 스 오 페 라 츠 도 서 퍼
```

조화	악기
고조파	멜로디
앨범	마이크
민요	뮤지컬
가수	음악가
노래	오페라
고전	시적
합창	리듬
녹음	속도
즉흥적으로	보컬

55 - Enfermedad

원	예	요	동	수	캠	츠	증	시	재	진	가	권	게	기	공
핑	림	예	추	그	뽐	춤	후	즐	농	편	렵	물	퍼	서	동
게	서	예	춤	다	기	킹	군	킹	심	장	농	츠	스	춤	츠
만	낚	뽐	몸	이	재	술	사	물	핑	심	다	구	그	술	즐
기	성	킹	스	식	림	뽐	수	뽐	여	퍼	물	가	염	증	킹
구	급	유	수	공	독	이	심	식	투	캠	뽐	기	요	서	캠
게	건	전	유	폐	퍼	봉	서	게	술	심	권	퍼	법	활	도
예	강	적	원	가	그	법	시	기	렵	예	도	그	휴	원	약
이	술	춤	스	서	진	퍼	게	동	법	물	퍼	포	서	물	한
포	예	관	임	킹	동	술	동	구	게	물	츠	활	이	캠	권
퍼	농	림	물	진	물	면	그	임	도	수	야	핑	서	술	야
퍼	물	낚	마	활	서	역	킹	편	게	뼈	즐	림	원	공	이
독	뽐	복	농	사	진	식	휴	하	이	츠	심	그	춤	공	다
춤	법	킹	부	포	수	식	사	포	알	레	르	기	식	술	임
렵	가	렵	식	활	게	농	농	심	퍼	투	퍼	흡	공	하	춤
사	춤	킹	예	여	림	낚	편	핑	낚	원	심	호	이	법	이

복부   염증
급성   면역
알레르기   요추
심장   호흡기
만성   건강
약한   공동
유전적   증후군
유전   요법

56 - Actividades

재	술	여	가	휴	가	포	기	권	수	춤	권	춤	게	동	술
투	캠	식	식	식	게	포	독	뿜	휴	기	봉	재	임	동	술
동	기	야	츠	시	사	구	킹	식	술	독	서	예	술	다	츠
마	이	물	캠	시	마	투	가	임	이	게	게	기	스	공	예
법	낚	스	즐	즐	스	동	활	농	독	하	핑	권	기	술	공
퍼	즐	시	즐	퍼	하	낚	동	뿜	진	츠	스	관	이	기	뿜
진	기	하	핑	예	재	렵	즐	퍼	그	림	재	편	권	예	그
편	재	투	권	진	시	편	물	투	임	야	하	스	권	예	사
술	식	재	활	식	림	원	여	캠	편	휴	구	공	관	진	술
심	캠	구	봉	임	캠	수	가	원	임	봉	구	츠	식	예	활
심	심	봉	하	포	핑	임	공	캠	재	림	동	츠	독	츠	공
동	캠	스	임	진	그	스	포	렵	술	기	포	수	재	츠	관
다	여	기	퍼	동	권	기	이	술	공	여	렵	술	여	야	뿜
술	심	임	재	포	캠	법	마	진	수	렵	캠	그	법	물	시
게	관	봉	하	농	편	관	심	사	하	이	킹	동	심	핑	여
투	도	사	법	도	공	게	임	관	원	예	여	원	활	여	도

활동	게임
예술	독서
공예	마법
캠핑	여가
수렵	낚시
재봉	기쁨
사진술	휴식
기술	퍼즐
관심사	하이킹
원예	편물

57 - Verduras

렵	수	서	공	토	마	그	봉	식	마	공	수	시	렵	이	법
진	식	핑	식	기	마	늘	공	원	당	근	물	법	시	양	파
포	포	활	법	츠	스	토	예	진	봉	스	심	식	핑	다	관
진	관	휴	식	하	투	이	진	권	편	편	휴	사	권	투	킹
구	재	그	하	브	즐	봉	임	기	이	게	술	그	물	공	스
독	핑	사	동	로	식	마	퍼	하	게	림	원	아	캠	예	편
샐	핑	즐	기	콜	스	법	가	다	법	독	퍼	티	재	공	예
여	러	캠	관	리	러	셀	가	지	완	두	콩	초	서	춤	스
진	서	드	감	슬	즐	활	농	게	봉	원	법	크	수	독	물
휴	호	예	자	파	시	게	법	다	독	농	뽐	스	낚	렵	서
임	박	버	기	사	게	게	포	스	예	무	순	임	시	법	독
심	즐	섯	즐	기	독	올	리	브	생	강	임	물	금	시	다
임	캠	동	구	원	법	관	활	게	낚	식	림	수	치	이	즐
림	사	동	수	가	야	수	법	진	가	스	스	이	도	게	사
관	투	렵	가	시	진	가	권	퍼	여	봉	야	캠	휴	공	핑
오	이	사	다	캠	킹	시	공	독	예	구	법	물	사	편	독

마늘	생강
아티초크	순무
셀러리	올리브
가지	감자
브로콜리	오이
호박	파슬리
양파	버섯
샐러드	토마토
시금치	당근
완두콩	

58 - Instrumentos Musicales

림	렵	퍼	바	이	올	린	기	식	림	하	탬	캠	권	농	원
독	춤	가	권	야	임	가	악	타	수	포	버	사	심	기	춤
권	포	독	동	낚	시	서	타	기	농	도	린	기	뽐	하	법
임	포	킹	법	기	동	권	본	롬	트	포	클	핑	림	식	활
림	심	구	술	게	츠	권	게	서	럼	농	라	포	원	츠	식
게	기	식	캠	포	이	술	독	원	펫	가	리	그	츠	식	술
시	피	징	마	도	식	춤	하	플	루	트	넷	낚	기	수	독
킹	야	아	휴	림	독	핑	봉	북	킹	다	핑	퍼	츠	스	수
핑	활	독	노	여	바	심	포	공	편	핑	수	예	수	동	기
춤	즐	투	밴	조	즐	공	첼	츠	구	여	낚	도	진	그	구
권	오	가	가	게	구	재	로	포	활	식	편	봉	재	식	시
이	보	임	림	뽐	관	동	낚	낚	킹	도	투	서	만	돌	린
바	에	권	편	술	포	술	야	포	권	시	농	진	예	게	그
순	낚	색	하	프	술	심	원	낚	구	관	퍼	술	임	진	물
게	마	소	서	식	시	심	원	낚	스	편	사	구	봉	구	농
봉	활	폰	하	모	니	카	관	뽐	여	편	스	포	림	식	캠

하모니카
하프
밴조
클라리넷
바순
플루트
기타
만돌린
마림바

오보에
탬버린
타악기
피아노
색소폰
트롬본
트럼펫
바이올린
첼로

59 - Formas

수 직 사 다 권 활 도 즐 모 물 편 포 법 츠 도 사
입 낚 사 농 구 피 독 편 서 술 캠 즐 재 렵 측 면
방 춤 활 각 하 심 라 마 리 술 재 투 가 장 자 리
체 활 심 시 형 선 법 미 호 투 도 스 다 삼 각 형
구 독 퍼 츠 각 곡 시 권 드 관 법 서 기 게 여 게
프 리 즘 심 다 쌍 술 물 기 기 쁨 봉 다 원 봉 이
농 스 핑 그 츠 즐 게 쁨 투 봉 야 곡 선 물 야 심
봉 진 심 타 식 가 법 식 이 춤 림 진 심 권 림 야
킹 이 포 원 타 낚 편 서 캠 예 사 마 스 법 다 원
쁨 킹 농 형 독 캠 스 정 동 원 동 실 가 이 마 쁨
즐 가 투 원 여 휴 쁨 사 휴 쁨 법 캠 린 이 여 퍼
식 가 다 뿔 하 퍼 활 각 재 동 가 원 퍼 더 퍼 야
서 츠 캠 하 렵 츠 구 형 핑 렵 기 물 동 도 야 임
술 예 하 기 원 심 캠 법 하 휴 봉 이 서 기 시 임
이 재 포 구 츠 진 하 즐 사 림 진 편 츠 그 원 진
예 그 편 관 다 동 편 마 즐 수 재 마 법 진 낚 물

가장자리	쌍곡선
실린더	측면
원뿔	타원형
정사각형	피라미드
입방체	다각형
곡선	프리즘
타원	직사각형
구체	삼각형
모서리	

60 - Flores

```
권 그 쁨 심 예 기 양 귀 비 심 심 심 잎 꽃 그 투
데 이 지 스 술 재 구 즐 더 벤 라 일 락 다 투 독
공 동 모 란 투 농 시 그 독 임 구 서 스 발 도 사
물 재 쁨 진 즐 렵 해 바 라 기 도 원 쁨 물 게 관
휴 편 술 수 독 가 츠 다 백 심 다 츠 렵 활 관 도
즐 츠 독 퍼 그 킹 춤 마 합 동 권 게 게 렵 야 물
여 진 식 림 편 공 도 구 시 임 권 도 활 여 농 킹
금 송 화 진 킹 원 사 관 농 재 퍼 캠 히 진 구 림
클 관 마 하 법 예 권 마 이 진 물 농 비 투 진 투
법 로 편 진 게 춤 캠 도 쁨 기 야 민 스 재 치 예
목 가 버 핑 수 그 봉 예 마 스 게 법 커 법 난 자
련 퍼 투 편 다 선 핑 권 쁨 장 미 독 스 공 초 관
하 봉 심 사 렵 핑 화 포 츠 여 서 야 관 사 술
츠 투 가 가 농 예 휴 핑 물 포 여 춤 게 도 도 물
농 튤 가 법 포 퍼 퍼 공 물 포 퍼 심 렵 캠 봉 재
진 립 동 관 시 다 낚 임 게 하 민 들 레 마 서 권
```

양귀비   목련
금송화   데이지
민들레   수선화
치자   난초
해바라기   모란
히비스커스   꽃잎
재스민   꽃다발
라벤더   장미
라일락   클로버
백합   튤립

61 - Astronomía

림	다	재	여	식	도	초	킹	마	법	주	우	독	킹	진	킹
퍼	렵	림	달	춤	구	야	신	권	관	원	주	위	전	망	대
심	독	즐	활	투	여	포	심	성	유	활	비	동	성	시	즐
뿜	게	서	예	재	관	림	독	다	렵	행	투	가	활	도
즐	츠	예	물	사	핑	여	망	시	이	도	사	물	공	스	퍼
공	즐	이	심	술	활	공	원	포	캠	예	방	법	심	뿜	원
예	지	행	렵	서	법	투	경	심	낚	법	구	림	재	술	낚
동	구	성	편	활	수	임	서	캠	포	진	캠	림	츠	은	다
권	스	스	다	농	활	사	임	도	농	렵	농	낚	물	하	가
술	재	독	진	활	포	예	사	동	재	이	로	켓	뿜	진	사
마	이	춤	뿜	투	편	수	코	스	모	스	즐	구	뿜	식	시
권	권	소	가	별	뿜	사	핑	이	림	임	재	렵	투	츠	춤
포	하	행	편	자	재	게	기	렵	스	봉	림	뿜	게	하	시
활	늘	성	춤	리	구	츠	핑	스	봉	야	춤	구	관	관	게
관	동	낚	독	권	시	재	스	림	구	구	독	활	사	관	공
관	포	물	춤	야	하	사	천	문	학	자	춘	분	킹	농	하

소행성
우주 비행사
천문학자
하늘
로켓
별자리
코스모스
춘분
은하

유성
전망대
행성
방사
위성
초신성
망원경
지구
우주

62 - Tiempo

술	독	춤	마	야	주	포	활	십	야	포	시	권	퍼	사	예
활	그	퍼	술	세	기	원	퍼	년	림	즐	봉	농	킹	낚	독
관	캠	하	다	핑	낚	킹	서	킹	도	츠	사	예	여	휴	휴
도	츠	월	어	뿜	술	야	가	미	뿜	그	퍼	동	사	동	구
야	임	게	제	서	공	기	포	래	진	시	야	가	예	관	즐
여	재	시	춤	아	게	봉	농	독	캠	그	봉	정	달	력	력
츠	심	독	수	침	동	식	이	스	편	츠	퍼	즐	오	투	스
구	낚	구	다	낚	가	마	재	식	가	야	게	게	시	투	시
낚	전	분	그	낚	수	휴	물	츠	츠	포	서	봉	그	하	진
공	가	에	낚	관	야	식	봉	캠	가	캠	킹	지	도	시	권
스	춤	림	핑	포	임	즐	예	법	뿜	핑	물	금	킹	동	춤
편	퍼	투	일	법	계	진	밤	기	다	서	스	킹	게	심	공
캠	예	활	퍼	하	시	농	동	즐	낚	휴	즐	동	구	순	활
투	마	킹	편	여	식	간	구	핑	관	수	그	진	킹	포	간
편	서	휴	뿜	포	림	연	핑	사	기	심	시	관	활	물	하
농	하	가	즐	오	늘	기	활	게	법	야	서	기	게	다	서

지금
전에
연간
어제
달력
십년
미래

시간
오늘
아침
정오
순간
시계
세기

63 - Paisajes

예	스	여	여	수	독	핑	킹	가	폭	렵	핑	권	물	술	예
츠	도	캠	여	강	하	캠	투	뿜	포	다	공	휴	물	렵	편
사	즐	즐	하	휴	투	법	식	간	포	하	구	킹	농	시	재
해	변	츠	야	츠	이	야	게	헐	게	진	빙	서	기	하	독
물	춤	낚	가	렵	림	라	원	천	서	야	도	퍼	심	즐	독
뿜	진	예	임	휴	그	군	도	하	예	휴	예	스	츠	골	원
동	굴	공	스	즐	캠	편	그	이	봉	렵	하	가	휴	짜	퍼
여	구	식	게	가	술	시	림	늪	오	아	시	스	기	기	가
가	야	서	기	시	캠	편	관	마	독	활	바	진	캠	사	기
반	권	공	사	스	임	스	휴	다	츠	술	렵	다	수	법	기
도	섬	임	퍼	즐	마	렵	시	춤	즐	구	예	식	농	구	투
동	뿜	야	츠	관	진	법	여	재	휴	심	뿜	휴	야	포	동
스	서	야	산	휴	이	캠	수	사	막	핑	즐	게	여	하	게
킹	캠	킹	빙	농	동	식	투	임	서	가	권	권	도	휴	츠
농	공	즐	편	하	토	포	야	하	캠	호	캠	낚	퍼	다	킹
봉	낚	낚	공	하	대	하	여	즐	도	수	화	산	서	투	농

폭포	라군
동굴	바다
사막	오아시스
하구	반도
간헐천	해변
빙하	동토대
빙산	골짜기
호수	화산

64 - Biología

낙	핑	서	이	염	서	봉	스	신	호	서	시	편	그	그	수
게	식	동	즐	색	스	야	렵	경	그	르	하	셀	농	도	시
시	휴	배	도	체	식	술	물	임	낙	심	몬	도	캠	원	원
물	술	아	공	생	원	권	수	파	충	류	서	포	림	즐	즐
술	렵	포	삼	림	렵	광	합	성	예	캠	야	춤	기	도	그
콜	라	겐	투	캠	서	권	진	투	킹	관	농	예	독	식	편
관	이	도	술	진	권	뉴	런	시	원	기	마	캠	여	사	휴
츠	야	캠	렵	운	화	시	냅	스	게	구	기	낙	구	그	마
활	휴	식	법	러	단	게	휴	진	구	포	진	편	게	핑	동
물	농	권	심	스	여	백	캠	다	하	유	법	스	도	사	킹
진	야	봉	돌	연	변	이	질	춤	원	류	여	서	림	진	시
편	독	사	식	자	여	림	스	수	퍼	봉	동	야	하	권	임
독	츠	림	원	여	농	퍼	공	야	춤	즐	도	물	낙	서	렵
물	포	박	테	리	아	서	마	해	즐	캠	이	법	즐	독	마
편	진	이	독	기	포	구	효	부	그	술	춤	수	예	하	식
림	법	술	식	여	심	춤	소	농	여	림	동	법	편	법	뻠

해부	돌연변이
박테리아	자연스러운
콜라겐	신경
염색체	뉴런
배아	삼투
효소	단백질
진화	파충류
광합성	공생
호르몬	시냅스
포유류	

65 - Jardinería

춤	과	킹	꽃	편	그	동	재	이	관	법	계	절	권	여	마
여	심	수	츠	다	낚	예	쁨	즐	쁨	여	물	마	낚	게	쁨
구	임	동	원	마	발	렵	그	마	퍼	농	춤	공	종	심	쁨
술	공	농	공	여	수	법	휴	심	투	하	다	물	이	진	수
핑	낚	독	봉	하	렵	잎	심	츠	핑	렵	동	진	국	구	분
활	재	물	독	캠	서	활	도	법	법	킹	동	스	적	퍼	야
마	하	휴	마	구	투	흙	편	마	게	수	츠	동	인	하	서
호	스	식	용	캠	림	도	츠	편	법	투	농	원	임	하	편
마	법	기	심	재	편	퍼	가	렵	봉	진	법	즐	농	림	이
임	심	시	즐	휴	렵	여	투	게	춤	사	공	농	진	활	법
원	여	물	씨	구	츠	스	그	편	렵	식	관	원	다	림	시
가	투	퍼	즐	앗	토	양	포	캠	림	즐	낚	캠	퍼	시	기
동	물	식	그	그	식	플	재	핑	이	게	퇴	비	기	가	퍼
편	사	포	휴	렵	투	로	투	임	투	쁨	투	구	후	낚	하
야	낚	여	퍼	식	이	랄	포	시	기	농	사	컨	테	이	너
봉	게	술	여	구	이	다	활	이	원	이	활	이	게	서	시

식물	플로랄
기후	과수원
식용	수분
퇴비	호스
컨테이너	꽃다발
계절	씨앗
이국적인	토양

66 - Chocolate

퍼	가	뺨	핑	성	분	원	핑	공	농	좋	렵	하	낚	심	렵
활	서	퍼	구	진	항	권	투	서	권	아	여	즐	캠	낚	여
법	물	심	다	킹	산	독	킹	원	도	하	권	캠	마	도	도
이	투	가	휴	맛	화	원	동	핑	동	는	가	뺨	원	권	임
츠	스	서	동	권	제	활	도	술	술	가	투	루	땅	이	츠
즐	동	휴	뺨	독	포	핑	포	야	편	다	투	권	콩	설	재
공	심	마	봉	공	동	핑	스	가	달	법	핑	다	캠	탕	편
가	여	봉	다	게	츠	림	활	수	관	콤	권	사	츠	관	다
심	서	캠	활	임	권	게	예	칼	퍼	스	한	코	넛	다	원
재	쓴	츠	법	임	진	독	봉	로	캐	러	멜	뺨	관	사	기
맛	있	는	다	식	핑	게	공	리	핑	공	츠	이	서	낚	즐
스	예	재	활	다	봉	가	하	관	공	낚	권	도	국	독	여
도	품	재	임	진	임	활	진	식	휴	이	권	활	스	적	춤
다	질	봉	레	시	피	예	도	도	동	편	물	림	서	다	인
카	카	오	춤	도	캠	가	스	봉	투	마	퍼	투	수	기	장
공	농	즐	원	렵	동	독	동	재	퍼	예	관	수	캠	츠	다

항산화제	코코넛
장인	맛있는
설탕	달콤한
땅콩	이국적인
카카오	좋아하는
품질	성분
칼로리	가루
캐러멜	레시피

67 - Barbacoas

투	동	여	렵	동	핑	킹	후	야	구	진	낚	예	캠	서	서
림	진	림	예	춤	편	투	추	그	야	투	야	동	편	사	다
다	어	동	이	투	그	휴	원	활	점	칼	하	식	편	물	재
독	동	린	춤	휴	릴	퍼	술	다	심	봉	재	진	활	심	이
활	가	진	이	심	춤	동	샐	러	드	야	여	농	술	공	스
도	투	가	림	수	봉	즐	굶	즐	토	뿜	원	법	휴	임	게
사	편	술	게	심	동	구	주	즐	마	휴	휴	편	츠	기	심
림	킹	재	사	활	농	스	림	진	토	뿜	마	양	원	여	재
수	즐	뿜	휴	투	스	소	금	낚	권	기	물	츠	파	독	임
예	구	사	게	서	춤	채	물	시	이	공	수	물	예	서	킹
저	술	식	구	관	휴	진	게	즐	게	음	악	동	다	재	진
독	녁	즐	식	예	편	핑	임	시	구	여	활	시	뜨	거	운
편	식	식	도	활	술	캠	림	킹	킹	름	과	일	포	예	츠
수	포	법	사	마	투	뿜	닭	사	독	관	임	권	그	서	가
법	활	구	관	농	가	족	스	이	편	렵	춤	하	서	투	뿜
뿜	독	즐	농	가	포	렵	농	림	구	도	법	가	이	봉	게

점심	음악
뜨거운	어린이
양파	그릴
저녁 식사	후추
샐러드	소금
가족	소스
과일	토마토
굶주림	여름
게임	채소

68 - Ropa

포	수	그	블	구	재	핑	서	공	앞	치	마	활	낚	벨	활
스	터	사	라	구	두	츠	공	활	관	가	치	하	도	트	코
재	원	웨	우	관	재	가	식	게	하	사	권	술	렵	림	게	스
포	공	여	스	츠	셔	물	예	농	구	투	구	캠	잠	진	스	지
동	여	수	레	즐	츠	재	농	동	진	술	권	휴	옷	바	가
사	활	츠	드	여	독	캠	림	퍼	팔	원	시	활	다	그	봉
동	장	낚	춤	츠	하	여	서	구	찌	권	낚	재	도	하	심
편	갑	그	기	원	낚	독	여	물	원	여	목	게	농	렵	가
렵	기	동	가	모	재	시	식	식	츠	독	수	걸	가	동	가
캠	즐	퍼	기	자	재	휴	원	즐	재	림	식	스	이	스	동
진	구	퍼	퍼	렵	예	렵	림	수	킷	춤	킹	이	핑	캠	퍼
즐	구	농	퍼	즐	투	심	림	재	림	공	진	춤	뽐	캠	원
패	뽐	권	낚	낚	포	시	캠	투	관	퍼	농	서	보	법	관
션	수	독	독	진	활	샌	퍼	포	스	춤	춤	핑	석	게	렵
야	도	임	법	게	구	이	들	야	카	뽐	렵	구	류	츠	봉
가	포	권	킹	활	동	뽐	동	편	프	원	편	야	그	뽐	관

코트   보석류
블라우스   패션
스카프   바지
셔츠   잠옷
재킷   팔찌
벨트   샌들
목걸이   모자
앞치마   스웨터
치마   드레스
장갑   구두

69 - Meditación

재	심	기	진	진	다	그	봉	정	감	봉	이	쁨	관	점	생
권	활	식	킹	투	예	쁨	춤	하	기	사	수	편	진	포	각
게	구	휴	농	림	임	심	활	봉	도	심	사	여	원	권	킹
예	춤	침	묵	활	동	즐	원	임	진	구	동	수	다	농	봉
물	권	운	동	서	관	도	선	명	도	재	츠	임	캠	하	농
시	즐	농	동	그	기	심	시	권	마	낚	사	림	낚	투	즐
춤	활	그	야	심	핑	활	기	편	심	휴	츠	법	킹	원	농
투	휴	휴	캠	평	화	그	퍼	렵	심	권	재	킹	하	낚	그
물	림	주	사	심	기	츠	세	자	즐	춤	츠	관	츠	사	캠
가	낚	의	야	법	수	편	민	연	하	원	물	찰	스	여	구
공	여	쁨	춤	친	권	술	도	독	렵	츠	농	시	물	그	야
관	원	봉	츠	절	야	야	가	낚	시	마	마	편	여	동	동
동	예	기	춤	마	하	춤	게	그	악	음	게	하	정	식	여
즐	기	원	즐	핑	포	법	야	활	기	권	법	행	신	활	기
수	이	여	기	법	춤	법	퍼	수	식	킹	캠	권	복	호	게
락	서	낚	독	술	진	예	편	봉	그	농	스	렵	기	흡	활

수락
주의
친절
선명도
연민
감정
행복
감사
정신
마음

운동
음악
자연
관찰
평화
생각
관점
자세
호흡
침묵

70 - Libros

캠	구	독	림	야	법	기	예	즐	내	레	이	터	법	다	도
낚	시	서	사	시	서	면	서	도	림	활	핑	츠	낚	예	서
휴	마	예	권	투	이	관	련	법	하	기	투	야	그	투	킹
구	스	식	여	심	시	투	즐	뿜	도	재	예	포	편	다	물
낚	도	수	농	수	낚	리	게	물	농	그	수	림	편	구	활
게	술	식	식	뿜	낚	이	즈	심	재	공	동	도	사	수	스
공	포	그	스	여	야	림	기	뿜	춤	저	자	독	심	스	농
캠	리	사	하	휴	도	진	마	핑	뿜	학	수	하	츠	독	비
법	더	재	이	핑	봉	예	예	이	중	성	문	맥	편	여	참
활	술	물	공	기	다	페	공	기	권	재	여	여	발	서	한
역	사	적	인	소	서	이	휴	렵	수	휴	수	캠	시	명	게
그	진	낚	동	설	스	지	렵	핑	구	하	독	가	림	심	퍼
이	권	권	마	농	동	심	여	심	원	봉	핑	법	서	여	관
재	미	있	는	모	재	관	이	봉	캠	포	권	술	춤	재	그
이	야	기	수	험	캠	마	식	투	낚	수	도	캠	관	재	봉
예	낚	스	집	핑	게	농	임	식	봉	렵	편	구	농	공	이

저자	발명
모험	리더
수집	문학
문맥	내레이터
이중성	소설
서사시	페이지
서면	관련
이야기	시리즈
역사적인	비참한
재미있는	

71 - Los Medios de Comunicación

핑	동	킹	재	법	사	가	낚	농	츠	캠	킹	그	사	공	렵
가	임	재	사	원	도	원	하	림	도	포	술	봉	자	마	사
예	활	활	물	캠	농	쁨	사	법	투	하	렵	판	금	낚	권
다	동	마	기	사	실	림	사	재	하	포	하	다	조	통	신
식	동	임	온	라	인	적	지	신	텔	레	비	전	달	물	림
츠	관	사	물	권	디	지	털	문	이	그	투	핑	사	포	스
원	편	투	휴	핑	수	로	림	핑	수	투	원	도	술	스	춤
서	여	하	구	사	권	컬	투	도	구	농	서	다	독	여	그
림	라	춤	그	투	활	편	킹	교	임	독	독	퍼	심	견	임
태	도	디	구	산	업	예	킹	육	포	공	춤	봉	공	공	의
마	재	마	오	편	츠	이	수	캠	봉	렵	수	포	진	재	심
예	그	쁨	봉	서	편	잡	임	림	시	서	림	서	시	봉	술
야	츠	림	쁨	캠	식	기	지	공	도	회	로	망	서	도	원
편	렵	관	스	재	물	마	활	식	시	킹	사	심	하	임	수
독	킹	그	사	진	광	춤	원	시	여	물	이	농	휴	기	가
편	림	도	기	낚	고	봉	게	봉	구	식	이	퍼	재	포	즐

태도	지적인
광고	로컬
통신	의견
디지털	신문
교육	공공의
온라인	라디오
자금 조달	회로망
사진	잡지
사실	텔레비전
산업	

72 - Nutrición

```
심 예 그 캠 식 하 식 식 림 즐 핑 투 킹 예 시 그
여 야 킹 서 이 야 킹 포 여 임 식 이 다 동 예 기
야 원 사 투 시 진 봉 투 공 그 휴 킹 예 편 뽐 독
즐 그 킹 뽐 도 진 서 마 봉 영 즐 림 법 마 식 욕
여 재 법 발 진 편 핑 캠 즐 양 게 균 관 츠 도 렵
술 서 공 다 효 서 소 비 캠 소 진 형 핑 진 건 물
칼 로 리 맛 독 물 스 타 그 킹 마 잡 야 낚 강 가
동 하 식 용 여 뽐 식 민 임 서 즐 한 렵 진 한 활
여 낚 편 그 서 다 활 심 봉 시 권 법 권 물 야 수
봉 공 츠 식 법 봉 무 캠 야 리 포 스 츠 권 투 구
하 캠 즐 활 캠 예 하 게 이 얼 야 소 독 단 백 질
스 킹 마 건 강 마 관 법 가 수 물 화 수 탄 활 식
물 사 진 스 진 캠 게 편 이 림 서 포 동 동 여 법
구 다 이 어 트 스 농 심 식 캠 법 임 캠 물 동 이
즐 관 렵 가 포 시 법 마 퍼 품 임 예 권 포 즐 다
독 낚 투 이 가 동 스 술 퍼 질 심 기 활 심 츠 쓴
```

식욕	발효
품질	영양소
칼로리	무게
탄수화물	단백질
시리얼	소스
식용	건강
다이어트	건강한
소화	독소
균형 잡힌	비타민

73 - Edificios

즐	전	낚	이	탑	편	스	차	고	낚	식	임	게	박	물	관
림	망	재	실	츠	야	마	림	법	가	농	술	농	핑	그	서
재	대	포	휴	험	봉	대	뿜	렵	하	포	기	핑	야	핑	식
예	봉	즐	재	편	실	학	심	다	독	퍼	킹	진	춤	낚	성
예	야	렵	재	원	동	춤	물	가	림	핑	관	예	야	권	독
춤	재	다	편	재	편	즐	임	스	가	퍼	림	동	공	법	낚
뿜	여	임	심	가	포	스	츠	농	수	술	임	술	편	킹	호
마	캠	다	법	법	진	독	관	즐	시	공	투	대	식	렵	텔
슈	퍼	마	켓	림	편	관	캠	구	독	기	뿜	사	림	게	스
킹	투	공	마	여	봉	여	술	사	병	원	낚	관	낚	마	호
동	술	활	림	농	예	농	장	법	시	관	헛	간	츠	캠	법
렵	공	경	기	장	구	임	시	독	독	즐	포	여	식	게	림
여	게	장	구	야	서	마	림	진	시	캠	심	식	동	렵	재
법	극	공	관	포	아	편	구	술	낚	림	림	하	구	즐	가
킹	장	캠	하	심	영	파	편	도	서	시	뿜	물	츠	킹	여
수	이	마	여	춤	화	관	트	학	교	농	춤	서	예	농	식

호스텔	농장
아파트	병원
영화	호텔
대사관	실험실
학교	박물관
경기장	전망대
공장	슈퍼마켓
차고	극장
헛간	대학

74 - Océano

스	진	기	야	봉	이	킹	하	재	진	이	예	렵	독	휴	포
핑	펀	활	예	거	그	킹	조	수	원	게	킹	물	법	하	스
농	심	지	기	북	다	다	도	낚	뽐	심	법	동	시	투	즐
관	도	수	식	이	야	봉	야	가	돌	고	래	마	캠	농	휴
재	캠	심	수	물	이	동	여	수	사	권	킹	예	하	그	예
여	법	다	구	림	술	야	예	투	퍼	기	물	권	물	야	림
캠	임	이	공	원	게	핑	핑	서	낚	가	관	투	공	동	뽐
술	하	재	산	활	투	핑	활	낚	시	낚	배	하	렵	식	뽐
진	법	야	호	법	심	원	츠	다	편	츠	사	물	원	휴	도
원	구	다	권	활	문	동	낚	낚	편	구	가	캠	핑	예	권
투	서	킹	도	진	어	권	여	편	조	류	휴	식	재	기	포
암	농	해	파	리	술	법	스	원	핑	농	원	이	심	휴	기
초	사	관	물	술	야	시	봉	츠	여	야	퍼	춤	낚	낚	소
참	치	공	식	가	임	낚	임	심	폭	킹	임	봉	심	퍼	금
재	다	기	고	물	낚	독	퍼	장	풍	수	그	물	새	우	시
진	동	스	포	래	진	투	휴	심	어	상	동	농	관	굴	퍼

조류	조수
장어	해파리
암초	물고기
참치	문어
고래	소금
새우	상어
산호	폭풍
돌고래	거북이
스펀지	

75 - Ciudad

시	기	퍼	진	이	심	뿜	야	법	도	투	원	스	독	츠	하
원	림	활	즐	도	하	뿜	츠	그	동	구	휴	서	편	재	그
관	춤	뿜	핑	캠	공	낚	킹	마	즐	서	스	물	뿜	그	투
시	물	극	퍼	봉	봉	캠	물	농	투	봉	동	원	가	구	춤
진	료	소	장	시	예	킹	편	야	즐	핑	봉	임	약	국	공
사	즐	은	기	낚	심	그	봉	사	구	가	농	그	하	휴	투
휴	킹	행	경	즐	서	도	임	도	구	스	술	법	술	법	동
식	포	야	심	갤	러	리	임	그	사	예	야	캠	학	대	관
낚	심	공	휴	그	렵	야	렵	수	퍼	림	다	렵	교	서	다
동	마	츠	그	츠	농	하	관	플	로	리	스	트	공	뿜	동
낚	캠	박	물	관	게	림	뿜	편	뿜	렵	농	포	빵	집	투
춤	하	하	점	서	공	뿜	슈	원	시	렵	시	츠	동	물	원
그	퍼	원	법	도	항	구	퍼	임	수	시	편	야	활	다	예
법	시	포	춤	식	동	공	마	수	활	재	춤	캠	렵	진	이
게	즐	도	동	호	텔	농	켓	식	영	가	가	마	재	즐	퍼
사	예	여	구	캠	스	다	동	휴	핑	화	게	봉	예	편	수

공항	호텔
은행	서점
도서관	시장
영화	박물관
진료소	빵집
학교	슈퍼마켓
경기장	극장
약국	가게
플로리스트	대학
갤러리	동물원

76 - Agronomía

춤	임	농	부	수	도	가	음	농	업	수	술	심	그	핑	비
하	공	재	식	편	투	사	예	식	서	하	야	권	퍼	포	료
이	재	가	게	퍼	하	하	다	심	진	그	이	동	임	게	도
서	공	임	관	에	여	식	봉	예	물	법	독	뿜	술	동	서
게	림	도	동	너	채	소	킹	활	예	권	공	하	생	산	핑
야	그	원	춤	지	권	시	시	야	뿜	그	휴	독	킹	관	법
투	심	식	춤	그	기	스	심	렵	식	포	오	수	독	씨	권
게	구	도	술	시	예	템	도	심	야	물	염	하	성	포	앗
킹	진	법	휴	투	여	투	질	병	마	하	독	마	장	렵	기
렵	봉	림	뿜	즐	법	즐	구	편	다	과	환	경	다	다	림
농	림	진	게	다	기	독	법	물	그	학	태	생	동	야	사
야	야	스	물	임	즐	그	물	하	심	법	편	즐	관	림	권
야	진	그	휴	심	그	사	구	캠	서	야	뿜	도	야	원	그
식	하	기	봉	도	투	휴	이	편	예	퍼	시	핑	식	이	원
지	속	가	능	한	공	진	림	투	여	촌	공	동	수	여	농
사	마	봉	구	관	관	춤	투	유	기	농	퍼	사	서	휴	츠

농업
과학
음식
오염
성장
생태학
에너지
질병
부식
비료

환경
유기농
식물
생산
농촌
씨앗
시스템
지속 가능한
채소

77 - Actividades y Ocio

서	시	다	테	동	봉	마	법	편	도	서	투	서	핑	권	법
예	렵	봉	니	수	영	공	포	야	심	렵	식	원	동	림	물
기	여	그	스	다	술	시	활	물	독	수	술	예	마	낚	권
관	권	술	투	관	마	기	하	이	킹	활	렵	사	마	가	투
가	관	림	술	수	스	게	다	원	핑	투	법	휴	렵	그
캠	가	봉	재	포	뿜	식	휴	구	쇼	편	투	하	사	그
도	게	투	캠	가	원	기	식	사	야	핑	캠	예	마	농
킹	다	이	빙	캠	뿜	농	물	술	예	도	권	포	술	서
뿜	포	술	낚	뿜	수	구	축	경	취	춤	권	진	야	즐
투	즐	골	프	시	다	배	여	원	미	구	츠	뿜	구	심
농	퍼	수	독	물	포	기	투	렵	주	도	서	농	술	원
사	뿜	뿜	투	도	시	동	낚	농	예	수	핑	진	원	렵	핑
춤	킹	여	즐	캠	킹	공	춤	봉	즐	농	관	뿜	투	예	독
도	휴	핑	술	물	권	림	시	구	마	마	스	원	예	다	활
다	캠	낚	하	식	구	시	도	마	가	낚	심	하	마	수	퍼
공	기	이	구	여	행	야	휴	기	게	휴	이	재	법	구	퍼

취미
예술
농구
야구
권투
다이빙
캠핑
경주
쇼핑
축구

골프
원예
수영
낚시
휴식
하이킹
서핑
테니스
여행
배구

78 - Ingeniería

```
권 이 마 기 예 이 이 다 야 춤 동 임 농 예 식 퍼
즐 기 서 야 야 구 그 다 술 예 심 츠 식 마 포 다
각 도 깊 독 사 렵 림 시 뿜 독 낚 이 여 권 하 춤
핑 기 이 즐 식 하 기 권 마 퍼 봉 가 캠 서 법 동
산 계 다 도 표 모 터 구 사 게 관 이 캠 마 법 휴
게 여 동 농 그 진 편 투 이 스 그 편 술 진 공 림
렵 수 구 농 킹 스 뿜 기 서 하 츠 힘 측 원 림 투
예 그 낚 동 핑 낚 농 진 예 게 캠 핑 정 물 독 디
가 림 이 스 도 재 권 독 술 진 레 편 심 분 봉 젤
심 액 체 게 하 서 낚 심 킹 안 독 버 마 포 다 원
진 법 투 뿜 휴 임 즐 츠 원 정 관 권 공 찰 낚 투
캠 낚 식 활 심 농 림 지 진 성 추 진 퍼 렵 건 법
구 조 심 스 가 츠 축 너 름 즐 춤 다 마 킹 설 독
킹 예 춤 게 가 구 서 에 시 동 츠 하 캠 킹 퍼 활
술 이 수 캠 즐 다 포 기 공 관 심 게 다 그 임 권
기 포 하 서 캠 기 봉 야 동 포 심 뿜 여 원 렵 법
```

각도	구조
계산	마찰
건설	액체
도표	기계
지름	측정
디젤	모터
분포	레버
에너지	깊이
안정성	추진

79 - Comida #1

이	포	샐	심	핑	마	그	츠	게	스	예	그	마	투	진	낚
수	이	츠	러	이	늘	농	휴	하	술	사	동	투	구	야	농
하	설	양	파	드	우	퍼	투	렵	봉	재	고	기	농	심	물
관	탕	편	캠	법	유	즐	임	식	기	스	여	스	그	심	다
포	권	치	참	핑	도	즐	물	관	도	투	하	그	림	심	림
낚	소	금	낚	동	관	사	포	순	가	츠	게	림	심	도	기
봉	렵	시	핑	민	트	편	도	무	계	야	퍼	공	심	도	휴
여	도	여	핑	하	식	핑	하	공	피	동	물	봉	도	편	편
그	마	투	핑	포	마	킹	스	그	재	시	그	낚	퍼	식	식
물	식	편	그	하	농	식	임	도	봉	레	몬	주	스	진	진
편	재	딸	야	원	렵	퍼	렵	낚	춤	야	권	재	쁨	법	법
법	게	법	기	예	여	활	휴	하	수	배	봉	가	바	식	식
당	근	하	야	원	보	리	농	핑	독	심	식	포	킹	질	시
가	수	킹	술	킹	물	법	진	가	이	임	독	야	하	스	투
림	프	즐	법	포	다	법	낚	림	야	하	핑	투	야	도	원
식	퍼	야	수	술	낚	사	편	봉	가	퍼	수	게	그	림	다

마늘
바질
참치
설탕
계피
고기
보리
양파
샐러드
시금치

딸기
주스
우유
레몬
민트
순무
소금
수프
당근

80 - Antigüedades

킹 츠 농 낚 스 뿜 서 도 뿜 게 시 장 츠 공 투 자
동 시 포 활 농 수 즐 츠 동 전 권 예 식 법 수 그
농 마 마 가 낚 림 게 춤 즐 시 하 가 술 식 여 야
법 갤 예 그 보 권 진 퍼 이 관 법 임 공 기 도 즐
그 관 러 렵 석 술 기 야 춤 임 술 가 정 기 투 독
물 포 농 리 류 관 원 물 물 낚 우 휴 통 사 림 서
츠 뿜 춤 투 원 동 오 래 된 수 아 권 예 여 공 스
농 츠 공 진 서 이 마 핑 킹 십 한 경 기 권 스 법
술 포 야 조 낚 기 법 스 봉 년 이 매 권 식 야 휴
임 활 원 각 렵 물 즐 타 포 원 특 킹 활 활 가 예
츠 서 츠 임 수 원 도 일 구 봉 술 관 사 춤 식 가
권 수 츠 춤 다 심 렵 서 동 낚 술 기 식 독 마 식
진 렵 재 가 격 킹 구 뿜 림 기 법 재 스 사 심 마
세 기 권 킹 구 관 킹 다 공 포 마 독 스 다 스 야
서 기 수 게 복 구 품 킹 도 식 캠 렵 여 림 이 핑
원 기 게 값 림 가 질 농 수 춤 임 킹 독 심 사 법

예술	투자
정통	보석류
품질	동전
장식	가구
수십 년	가격
우아한	복구
조각	세기
스타일	경매
갤러리	오래된
특이한	

81 - Literatura

다	구	휴	심	추	은	핑	여	시	농	핑	동	원	춤	도	여
동	스	권	마	여	유	결	론	적	수	내	여	의	사	서	수
활	휴	마	식	관	렵	그	구	수	춤	레	마	견	렵	재	술
심	술	서	심	동	물	뽐	식	예	재	이	예	캠	도	리	임
림	법	비	교	사	춤	원	림	서	기	터	그	즐	그	듬	서
여	수	스	농	투	퍼	캠	수	시	공	전	츠	진	도	심	하
즐	원	기	서	뽐	수	하	수	렵	재	휴	기	렵	예	게	야
휴	캠	소	캠	스	킹	다	킹	농	시	봉	편	활	식	예	독
권	명	설	킹	식	투	야	가	활	봉	동	임	여	공	다	캠
시	술	림	스	물	관	봉	법	분	석	원	도	이	관	킹	물
구	임	수	가	임	기	스	편	진	공	수	심	운	휴	임	활
술	포	츠	수	야	다	게	츠	낚	킹	서	야	사	핑	퍼	즐
마	낚	그	야	봉	야	투	야	저	렵	대	화	게	휴	활	물
비	극	마	캠	술	진	법	기	자	원	사	동	일	타	스	사
물	독	렵	춤	시	가	서	사	관	구	편	봉	주	게	시	수
시	독	야	투	다	즐	원	시	편	퍼	원	공	제	킹	야	편

유추   스타일
분석   은유
일화   내레이터
저자   소설
전기   의견
비교   시적
결론   리듬
설명   주제
대화   비극

82 - Química

촉 매 알 즐 독 활 수 도 야 킹 공 농 핑 편 서 동
효 진 춤 칼 법 활 관 서 포 핑 야 낚 하 츠 열 임 금
소 탄 하 게 투 리 예 춤 포 원 공 재 게 게 수 소 구
산 다 스 독 기 성 권 진 핑 산 시 마 킹 예 물 예 소
도 게 퍼 스 쁨 봉 재 핑 휴 물 포 기 도 춤 봉 구 물
진 여 염 소 이 구 재 권 수 활 법 활 예 이 예 춤 그
핑 렵 농 도 온 스 예 야 구 가 동 진 킹 활 퍼 물 법
법 투 도 그 봉 식 궤 낚 술 동 심 쁨 낚 휴 시 춤 그
봉 액 편 즐 가 편 퍼 조 도 농 봉 다 원 구 편 그 투
야 체 진 재 하 츠 가 그 즐 킹 재 낚 여 수 핑 심 핑
낚 권 공 독 수 게 낚 술 마 원 재 편 캠 이 그 도 핵
포 서 반 응 캠 춤 재 포 야 야 독 진 츠 서 동 휴 독
가 게 식 사 기 동 예 게 도 수 독 다 이 동 도 쁨 하
무 마 쁨 공 휴 퍼 게 사 시 서 킹 캠 원 활 핵 분
게 렵 편 임 법 가 식 림 쁨 쁨 쁨 법 물 휴 쁨 쁨
편 봉 림 츠 봉 스 쁨 핑 임 술 기 킹 전 자 분 하

알칼리성	액체
탄소	궤조
촉매	분자
염소	산소
전자	무게
효소	반응
가스	소금
수소	온도
이온	

83 - Gobierno

다 독 춤 가 도 캠 그 사 관 사 수 가 여 림 낚 식
국 상 징 핑 핑 사 야 다 도 캠 포 즐 물 스 활 퍼
렵 가 츠 게 심 농 동 심 투 스 가 핑 법 낚 이 여
활 킹 기 시 가 상 태 여 법 포 독 낚 마 야 뿜 이
재 기 구 임 그 휴 활 그 예 도 그 법 식 봉 임 림
자 도 지 렵 관 스 재 진 스 심 스 기 법 시 스 활
마 유 임 사 공 휴 퍼 동 포 스 투 편 하 농 야 게
권 핑 뿜 독 퍼 독 립 킹 이 관 봉 즐 도 캠 여 사
시 민 법 사 봉 진 활 그 시 그 술 츠 공 사 동 춤
시 독 시 연 설 마 심 사 법 퍼 헌 권 낚 휴 정 평
다 스 법 법 독 공 기 념 물 편 법 서 동 즐 의 화
게 기 캠 토 원 권 츠 핑 관 이 렵 평 등 권 주 로
원 퍼 마 론 예 림 츠 사 하 림 심 마 임 핑 주 운
진 시 활 퍼 스 여 물 사 관 수 농 림 퍼 원 민 편
법 물 이 뿜 스 봉 서 춤 활 사 춤 하 동 물 여 킹
즐 심 투 뿜 식 정 치 츠 사 그 봉 구 법 야 렵 진

시민권   사법
시민   정의
헌법   자유
민주주의   지도자
연설   기념물
토론   국가
지구   평화로운
상태   정치
평등   상징
독립

84 - Creatividad

자 영 야 발 편 핑 수 핑 수 술 상 휴 공 하 예 농
발 상 사 명 춤 투 마 권 야 마 권 상 공 야 캠 임
적 술 예 활 관 식 원 식 술 마 캠 식 력 술 춤 춤
인 법 농 농 킹 낚 가 춤 기 법 법 농 활 도 다 공
권 낚 식 봉 킹 그 활 관 스 킹 즐 그 관 공 기 임
수 킹 원 다 편 림 동 진 렵 여 투 영 원 마 강 즐
핑 하 재 인 공 퍼 수 이 권 이 진 감 춤 낚 렬 예
술 술 직 상 술 예 활 활 킹 비 게 기 포 다 함 즐
심 춤 낚 관 여 포 림 휴 츠 전 공 감 원 아 사 선
식 임 여 이 농 관 동 뽐 포 하 물 정 사 이 다 명
휴 렵 투 원 게 가 물 편 재 물 이 시 공 디 가 도
물 활 심 이 투 관 시 유 스 야 극 적 인 어 그 독
관 스 진 시 춤 기 사 동 농 휴 시 독 마 술 마 뽐
기 재 다 다 재 낚 술 성 예 봉 야 림 기 물 투 가
동 재 구 여 사 감 법 실 스 퍼 포 원 뽐 동 관 물
농 식 농 사 야 각 뽐 확 수 진 게 포 도 관 술 림

예술적   상상력
확실성   인상
선명도   영감
극적인   강렬함
감정   직관
자발적인   발명
유동성   감각
기술   비전
아이디어   활력
영상

85 - Filantropía

어	심	필	캠	원	재	봉	야	가	봉	관	농	춤	구	법	스
린	관	대	요	물	포	기	낚	농	츠	편	뽐	법	청	소	년
이	정	직	구	술	독	림	투	프	로	그	램	여	핑	예	수
구	법	그	독	권	연	락	처	역	퍼	동	시	물	진	림	술
퍼	게	예	임	임	기	사	관	사	시	재	독	휴	마	렵	낚
도	킹	법	렵	이	스	봉	활	활	이	서	글	로	벌	구	권
공	휴	사	포	핑	농	원	사	진	수	서	스	금	뽐	서	공
공	봉	사	봉	게	술	마	농	츠	농	기	임	자	선	하	재
포	시	람	도	권	마	독	여	원	물	부	관	츠	퍼	사	진
예	식	들	마	다	재	커	마	뽐	도	즐	야	시	목	명	여
마	이	공	물	게	츠	여	뮤	술	재	공	심	게	표	마	관
인	게	공	공	시	여	즐	휴	니	농	춤	기	마	서	그	편
야	류	의	춤	독	기	즐	춤	킹	티	야	가	다	사	룹	활
캠	림	야	하	야	물	독	림	다	술	림	심	물	술	활	공
하	수	야	재	서	식	다	수	야	춤	편	임	야	술	야	임
금	융	독	낚	편	예	포	퍼	원	낚	재	낚	편	하	림	수

자선	역사
커뮤니티	정직
연락처	인류
기부	청소년
금융	목표
자금	사명
관대	필요
사람들	어린이
글로벌	프로그램
그룹	공공의

86 - Clima

식	동	물	편	활	열	하	츠	진	재	원	춤	즐	서	사	관
게	가	심	원	물	대	진	수	다	임	휴	퍼	투	시	여	진
임	품	얼	음	도	도	바	람	구	시	도	안	포	임	투	캠
봉	폭	포	법	수	하	서	게	스	재	활	개	킹	렵	수	봉
투	풍	진	수	식	봉	늘	즐	휴	동	도	심	활	그	춤	핑
재	미	그	수	법	다	편	시	기	서	재	퍼	마	그	포	시
낚	춤	임	구	이	예	킹	포	킹	동	법	게	동	서	여	법
식	진	번	개	마	춤	캠	임	즐	재	렵	구	술	렵	포	그
도	킹	춤	천	른	기	극	선	구	스	구	임	식	쁨	포	권
가	홍	수	둥	독	활	후	가	여	게	낚	야	온	하	원	야
구	심	봉	투	가	렵	츠	다	즐	식	물	이	도	이	네	토
게	서	관	이	시	스	임	휴	예	서	시	분	위	기	림	마
퍼	킹	우	야	독	편	물	진	이	게	심	휴	예	츠	허	사
츠	야	퍼	기	춤	낚	동	사	재	휴	도	구	다	핑	리	캠
가	구	재	낚	게	원	여	스	캠	다	이	원	수	츠	케	활
활	름	수	기	시	수	사	렵	츠	물	진	동	법	도	인	츠

분위기	극선
미풍	번개
하늘	마른
기후	가뭄
얼음	온도
허리케인	폭풍
홍수	토네이도
우기	열대
안개	천둥
구름	바람

87 - Comida #2

독	치	독	캠	즐	퍼	사	편	퍼	마	낚	야	뽐	여	물	서
스	농	즈	동	춤	즐	과	원	기	츠	관	농	공	기	포	권
여	권	캠	독	동	즐	여	활	즐	재	춤	재	술	라	물	도
포	시	공	물	권	춤	서	물	봉	퍼	기	재	구	바	나	나
수	법	스	수	공	그	서	권	서	물	물	츠	투	해	활	물
동	동	키	식	원	법	원	사	물	서	농	투	투	임	동	공
심	도	위	아	몬	드	원	식	공	가	포	물	동	임	츠	가
예	휴	즐	진	투	춤	하	사	재	야	심	원	퍼	농	도	예
토	마	토	사	춤	계	란	진	생	셀	러	리	가	농	진	핑
렵	술	게	야	권	낚	림	휴	강	밀	닭	체	요	활	퍼	식
이	즐	캠	렵	다	봉	권	기	렵	가	가	독	거	다	예	시
심	휴	캠	야	기	심	그	법	퍼	지	수	투	트	식	하	킹
임	게	공	관	진	야	크	초	티	아	기	심	핑	핑	춤	재
그	킹	원	진	뽐	술	도	콜	쌀	즐	그	편	법	츠	심	하
게	식	동	독	빵	관	게	릿	그	기	심	공	렵	렵	사	게
그	활	즐	투	서	포	포	원	하	도	즐	렵	퍼	림	휴	봉

아티초크	생강
아몬드	키위
셀러리	사과
가지	바나나
체리	치즈
초콜릿	토마토
해바라기	포도
계란	요거트

88 - Diplomacia

서	마	예	다	도	대	사	구	편	포	갈	퍼	권	권	킹	기
캠	이	사	투	렵	스	진	게	서	심	등	림	법	편	캠	마
구	관	권	낚	독	기	다	그	하	투	원	퍼	여	물	춤	스
츠	시	봉	수	서	핑	하	공	투	기	봉	활	조	예	법	여
퍼	츠	농	권	이	활	식	술	활	캠	서	춤	약	다	예	춤
예	식	해	진	림	독	수	기	독	재	스	도	스	게	도	봉
다	편	결	서	마	진	봉	그	가	포	스	도	진	봉	이	다
커	농	하	해	활	봉	마	캠	편	그	스	춤	캠	춤	춤	예
게	뮤	낚	결	림	마	시	캠	정	이	사	가	법	수	림	하
서	서	니	책	술	서	정	치	부	스	편	재	구	스	봉	심
림	식	림	티	무	인	도	주	의	야	구	렵	그	언	쁨	심
보	안	심	쁨	결	협	쁨	법	정	핑	술	임	독	마	어	재
교	외	국	의	성	가	력	토	론	가	권	식	즐	봉	임	사
대	사	관	임	서	관	시	관	렵	낚	권	고	편	가	심	마
윤	리	학	공	다	퍼	시	야	핑	도	도	문	퍼	게	시	도
사	캠	수	구	기	다	츠	도	퍼	권	수	농	동	게	이	킹

고문	정부
커뮤니티	인도주의
갈등	언어
협력	무결성
외교	정의
토론	정치
대사관	해결
대사	보안
외국의	해결책
윤리학	조약

89 - Herboristería

즐 뻠 서 방 향 족 바 즐 독 예 츠 기 꽃 즐 즐 구
예 다 예 구 타 라 곤 질 사 라 관 하 가 편 서 마
기 이 딜 뻠 가 활 편 관 핑 벤 물 포 야 핑 진 예
사 프 란 재 게 권 식 동 편 더 스 농 독 활 공 서
동 구 예 스 봉 춤 독 낚 동 편 캠 임 도 편 원 술
식 물 원 캠 임 구 법 봉 기 춤 킹 서 심 이 퍼 즐
진 기 관 하 심 물 투 술 캠 휴 렵 사 핑 관 낚 서
퍼 진 낚 로 게 즐 뻠 재 게 게 임 이 투 법 핑 휴
편 가 수 즈 포 맛 사 포 봉 캠 봉 뻠 기 활 여 림
예 람 조 마 녹 색 서 하 투 림 정 성 분 캠 재 예
여 활 농 리 슬 파 스 춤 핑 낚 원 낚 다 도 투 다
구 구 휴 요 마 늘 마 식 야 포 그 관 그 캠 뻠 킹
기 예 마 동 회 다 투 동 권 킹 동 킹 농 진 즐 휴
야 기 퍼 법 향 캠 가 뻠 시 투 휴 게 즐 게 원 휴
구 권 하 마 법 권 뻠 공 활 공 권 캠 민 진 야 편
진 시 시 예 퍼 서 야 마 진 스 투 구 트 품 질 법

마늘	정원
바질	라벤더
방향족	마조람
사프란	민트
품질	파슬리
요리	식물
타라곤	로즈마리
회향	녹색
성분	

90 - Energía

```
봉 뺌 술 재 독 춤 독 공 농 춤 핑 원 동 공 광 기
식 구 가 생 그 사 뺌 수 그 원 예 활 퍼 산 자 전
탄 심 솔 가 야 여 핵 휴 술 원 구 디 식 업 심 공
소 터 린 능 그 연 료 츠 퍼 투 핑 젤 기 도 뺌 스
수 임 빈 도 하 식 낚 춤 오 염 여 가 관 활 구 포
즐 기 농 킹 엔 원 원 심 킹 야 춤 가 기 활 임 동
츠 물 진 독 트 여 진 이 재 림 공 예 킹 진 공 휴
그 휴 가 이 로 바 츠 임 서 뺌 스 심 독 수 권 핑
진 기 식 권 피 람 공 진 캠 재 킹 물 원 심 스 관
태 양 시 공 권 재 낚 공 술 서 공 독 관 재 공 재
식 킹 휴 원 렵 서 다 가 렵 관 여 그 독 식 물 캠
동 여 심 관 여 즐 편 구 낚 봉 물 츠 가 캠 림 수
여 원 동 다 즐 다 캠 예 관 즐 재 열 진 수 기 편
스 이 도 즐 구 심 휴 배 수 핑 야 포 도 법 하 공
다 이 모 재 공 핑 물 휴 터 여 관 동 사 이 다 식
야 증 기 터 포 진 법 심 기 리 림 사 렵 퍼 농 독
```

배터리	가솔린
탄소	수소
연료	산업
오염	모터
디젤	재생 가능
전자	태양
전기	터빈
엔트로피	증기
광자	바람

91 - Especias

술	봉	스	생	강	시	게	예	여	하	육	사	기	임	뽐	마
다	술	가	독	낚	사	도	핑	다	츠	두	봉	수	맛	공	동
투	술	퍼	다	마	가	하	동	예	쓴	구	휴	달	퍼	식	공
임	법	카	퍼	구	낚	낚	그	파	아	니	스	콤	춤	게	활
캠	스	르	예	정	향	림	림	양	프	기	농	한	활	포	핑
핑	가	다	뽐	휴	기	독	낚	임	권	리	가	서	동	심	이
츠	법	몸	킹	투	뽐	낚	진	야	식	레	카	진	기	춤	사
구	독	계	피	사	시	휴	봉	독	캠	서	츠	구	하	물	다
마	수	게	독	이	감	초	활	물	봉	독	동	수	투	렵	즐
여	늘	시	서	핑	공	여	킹	원	마	그	킹	투	게	즐	임
후	공	퍼	심	즐	게	시	하	퍼	핑	사	프	란	바	닐	라
킹	추	술	독	진	시	즐	핑	임	심	공	임	포	활	봉	재
봉	공	서	봉	뽐	사	킹	봉	휴	림	진	회	관	농	하	춤
마	게	마	뽐	휴	법	소	식	독	핑	스	향	여	도	진	도
여	심	커	민	공	츠	금	술	야	핑	물	물	동	뽐	활	봉
권	활	술	수	춤	권	원	기	활	렵	렵	캠	하	동	사	퍼

마늘	달콤한
아니스	회향
사프란	생강
계피	육두구
카르다몸	파프리카
양파	후추
정향	감초
커민	소금
카레	바닐라

하	수	다	핑	서	낚	츠	렵	보	이	게	재	퍼	물	하	수
농	핑	핑	분	수	도	법	공	이	하	농	춤	권	그	야	평
포	야	하	위	게	수	기	공	는	게	춤	츠	포	림	은	선
술	술	소	기	독	독	사	식	식	활	권	핑	이	휴	하	진
적	도	행	태	편	마	투	다	사	포	궤	도	예	시	이	동
여	활	성	활	양	물	캠	킹	어	캠	재	시	게	휴	여	농
편	림	법	심	낚	법	권	식	진	둠	법	술	구	예	낚	게
휴	동	서	심	수	진	원	즐	달	심	킹	서	독	야	이	도
법	포	투	림	천	그	편	츠	물	농	퍼	렵	원	츠	가	심
그	농	춤	포	동	문	지	점	낚	가	관	천	상	의	공	렵
시	츠	공	도	편	자	학	문	천	스	캠	여	마	다	식	권
그	기	식	경	도	츠	림	재	하	늘	독	다	수	관	시	다
휴	봉	그	캠	위	우	주	하	농	캠	여	스	임	렵	림	휴
렵	마	스	망	원	경	이	재	관	마	기	술	심	법	핑	춤
진	즐	쁨	춤	동	봉	퍼	공	렵	기	하	활	게	반	림	권
킹	예	수	하	게	공	게	이	츠	독	법	활	즐	구	관	춤

소행성
천문학
천문학자
분위기
천상의
하늘
우주
적도
은하
반구

수평선
위도
경도
어둠
궤도
태양
지점
망원경
보이는

93 - Jazz

즐 관 여 새 이 림 기 공 술 렵 술 예 림 즐 물 킹
동 겨 술 로 마 렵 임 예 활 공 예 술 법 쁨 이 가
사 낚 찾 운 기 즐 시 퍼 임 사 캠 가 핑 마 구 봉
기 법 야 기 술 진 시 구 춤 캠 포 곡 즐 마 퍼 서
사 예 수 도 하 농 기 하 오 공 서 작 물 퍼 사 야
여 동 하 투 오 예 진 그 케 진 진 예 그 농 기 마
원 쁨 독 콘 래 쁨 활 여 스 하 예 핑 투 봉 림 하
그 가 봉 서 된 장 르 물 트 앨 범 강 조 드 농 식
동 즐 활 트 진 서 사 핑 라 시 봉 음 법 럼 게 그
수 킹 공 활 가 활 재 쁨 권 술 렵 투 악 이 낚 그
노 래 킹 활 도 재 퍼 기 낚 술 스 원 유 핑 다 원
농 하 여 진 포 사 여 원 춤 법 활 재 명 쁨 하 봉
사 렵 캠 이 그 포 식 시 독 구 휴 그 한 구 춤 독
킹 식 편 동 재 그 독 즐 춤 성 휴 예 야 즐 스 이
낚 가 핑 다 동 능 렵 관 리 듬 시 여 시 식 타 편
심 낚 도 휴 포 킹 마 즉 흥 연 주 수 그 스 일 휴

예술가	장르
앨범	즉흥 연주
노래	음악
구성	새로운
작곡가	오케스트라
콘서트	리듬
스타일	재능
강조	드럼
유명한	기술
즐겨찾기	오래된

94 - Mediciones

림	쁨	구	여	원	야	임	심	그	편	사	원	동	독	즐	킹
춤	권	봉	관	권	가	센	관	수	무	게	핑	게	동	시	독
깊	이	마	스	서	하	티	원	마	사	식	원	편	캠	식	재
키	길	구	즐	구	진	미	활	원	너	림	기	식	동	활	킬
포	심	도	하	진	심	터	캠	츠	비	캠	즐	동	진	즐	로
다	재	시	이	그	야	리	정	법	휴	술	낚	진	즐	사	그
가	게	식	기	핑	서	봉	도	독	사	포	편	공	낚	츠	램
관	시	서	예	츠	도	임	진	게	캠	하	도	톤	츠	마	하
원	임	가	진	시	구	포	도	분	편	술	이	재	투	진	권
식	춤	관	동	춤	그	츠	온	캠	독	진	낚	야	인	치	다
독	렵	투	츠	킹	물	춤	스	술	농	그	다	권	법	도	킹
가	림	이	원	활	원	이	공	서	스	렵	독	심	시	재	다
활	활	포	심	도	기	편	가	마	편	질	렵	스	진	심	핑
기	물	바	림	그	춤	이	구	야	십	량	음	서	사	게	원
미	동	권	이	휴	식	편	춤	림	진	투	권	퍼	독	게	포
공	터	봉	서	트	킬	로	미	터	수	림	구	물	그	램	법

너비	길이
바이트	질량
센티미터	미터
십진수	온스
정도	무게
그램	깊이
킬로그램	인치
킬로미터	음량
리터	

95 - Barcos

독	낚	구	식	하	춤	임	원	츠	구	승	이	게	다	마	기
농	동	낚	범	낚	휴	나	가	조	류	무	권	그	사	게	즐
농	식	권	독	선	림	룻	투	약	카	원	재	심	하	동	킹
퍼	원	핑	즐	핑	편	배	사	임	누	선	낚	시	야	닻	식
그	여	식	여	뗏	진	동	휴	술	마	림	진	임	물	이	낚
렵	수	사	진	목	엔	임	진	술	관	농	해	요	트	대	예
캠	사	마	춤	시	동	진	가	파	동	활	상	바	심	양	원
봉	호	수	밧	줄	마	강	시	도	관	법	사	봉	다	예	뽐
스	원	식	하	핑	야	식	진	퍼	낚	농	예	포	렵	그	술
원	여	수	법	도	시	편	야	구	그	스	임	임	독	낚	봉
원	하	하	재	기	원	핑	이	하	구	렵	포	여	춤	권	춤
뽐	식	하	권	여	림	림	뽐	스	야	법	법	핑	법	렵	투
부	표	다	공	포	진	도	휴	투	다	돛	심	동	하	시	스
진	편	식	진	퍼	림	여	편	임	수	대	즐	즐	기	투	휴
야	그	임	서	그	심	포	렵	킹	관	캠	야	재	이	그	물
이	심	봉	원	물	진	농	심	투	야	법	휴	재	춤	야	여

뗏목
부표
카누
밧줄
나룻배
카약
호수
바다
조류

선원
돛대
엔진
해상
대양
파도
승무원
범선
요트

96 - Antártida

독	진	하	공	여	임	동	기	이	만	물	공	서	렵	심	스
구	뽐	뽐	낚	구	춤	캠	원	주	스	연	이	구	섬	퍼	심
다	캠	캠	농	임	펭	권	재	렵	름	구	심	도	사	이	예
식	시	캠	봉	공	이	식	수	하	퍼	원	과	권	권	휴	농
도	캠	여	식	투	게	재	스	동	조	진	사	학	시	마	림
캠	원	물	스	빙	임	관	핑	춤	류	불	투	다	적	편	즐
활	정	공	렵	하	공	킹	예	도	시	안	이	즐	이	구	수
편	도	킹	권	춤	여	사	권	재	게	정	이	스	포	독	진
즐	재	공	캠	캠	핑	투	핑	물	독	한	독	가	킹	활	게
보	존	츠	휴	법	마	봉	얼	음	하	휴	게	봉	법	동	휴
임	농	캠	킹	여	심	마	가	가	림	임	츠	원	여	활	츠
임	편	물	투	예	농	림	렵	그	탄	이	렵	구	킹	농	진
킹	법	동	수	휴	춤	대	륙	온	도	산	심	심	원	예	재
법	서	이	마	퍼	원	수	형	지	반	하	수	야	투	관	그
구	봉	뽐	림	마	동	공	가	게	리	그	야	원	독	포	구
서	츠	여	포	시	츠	킹	사	스	캠	학	동	기	도	림	캠

과학적	탄산수
보존	구름
대륙	조류
원정	반도
지리학	펭귄
빙하	불안정한
얼음	온도
연구원	지형
이주	

97 - Mamíferos

원	다	즐	고	퍼	마	예	독	림	봉	권	서	투	렵	기	낚
하	숭	뿜	릴	고	양	이	권	그	권	관	식	농	봉	이	공
즐	다	이	라	즐	예	낚	서	법	기	법	포	서	서	권	그
봉	진	원	공	여	법	물	공	돌	고	래	다	원	활	심	활
휴	하	재	캠	츠	심	관	사	서	츠	고	즐	재	다	개	물
토	끼	낙	서	예	수	법	농	활	활	춤	식	마	재	렵	식
퍼	림	다	타	편	도	식	서	식	렵	서	재	포	수	진	공
핑	독	그	얼	룩	말	늑	기	린	코	끼	리	렵	가	핑	서
동	퍼	서	도	심	활	대	술	가	황	하	하	법	당	기	즐
포	서	편	진	활	원	즐	심	심	소	법	즐	곰	나	진	사
츠	핑	핑	투	편	츠	즐	권	캥	거	루	여	우	귀	그	수
독	활	관	서	낚	포	물	마	수	즐	야	이	렵	이	권	수
임	심	렵	뿜	공	캠	마	투	공	법	편	말	킹	스	뿜	농
서	킹	사	독	진	뿜	법	코	마	법	농	활	렵	야	법	진
서	식	활	도	뿜	킹	술	요	구	시	퍼	마	심	진	기	사
춤	퍼	퍼	식	춤	투	농	테	림	관	즐	독	츠	봉	독	예

고래   코끼리
당나귀   고양이
낙타   고릴라
캥거루   기린
얼룩말   늑대
토끼   원숭이
코요테   황소
돌고래   여우

98 - Boxeo

농	춤	여	술	식	물	법	예	구	봉	야	동	스	게	법	관
뽐	몸	팔	꿈	치	렵	전	대	렵	하	시	힘	봉	츠	예	림
뽐	도	게	킹	림	게	투	부	상	구	즐	휴	여	임	기	가
킹	농	식	수	야	술	기	임	원	동	재	도	동	다	야	활
즐	퍼	수	예	이	렵	캠	예	관	주	먹	심	로	프	수	재
수	술	투	렵	핑	휴	킹	휴	춤	소	진	판	캠	모	편	가
츠	구	뽐	츠	그	포	다	낚	수	퍼	시	임	동	사	서	렵
농	이	물	시	림	편	그	그	술	하	즐	서	렵	서	원	리
휴	투	원	낚	여	게	뽐	가	마	하	관	낚	여	퍼	사	휴
수	퍼	사	관	여	독	포	츠	캠	킹	렵	동	진	포	공	뽐
편	핑	농	게	투	포	농	공	이	재	권	농	시	하	핑	야
게	법	관	캠	권	관	재	동	예	심	예	빠	춤	포	기	야
뽐	공	독	서	심	서	시	재	가	서	하	핑	른	퍼	휴	농
퍼	재	원	장	갑	물	턱	스	핑	가	핑	독	핑	하	야	예
회	복	림	서	식	하	벨	퍼	야	초	점	이	재	가	그	퍼
낚	활	서	야	수	퍼	이	공	이	시	독	수	구	사	재	봉

심판	기술
초점	부상
팔꿈치	전투기
로프	상대
모서리	주먹
소진	빠른
장갑	회복

99 - Abejas

봉	독	츠	봉	다	이	퍼	연	그	법	게	활	과	법	물	가
재	캠	봉	하	공	그	기	예	사	서	예	일	기	봉	기	술
태	핑	가	원	권	법	심	기	포	투	이	렵	생	태	계	심
양	즐	스	곤	구	스	동	가	법	이	물	독	투	물	야	기
식	즐	킹	충	춤	즐	렵	여	캠	가	동	투	핑	활	캠	포
권	핑	마	유	농	휴	포	독	게	림	즐	기	예	마	춤	렵
마	꿀	봉	익	캠	야	기	권	그	스	진	다	구	뿜	렵	츠
츠	투	가	한	정	원	여	편	마	뿜	여	법	춤	식	캠	여
서	물	핑	원	권	야	공	마	춤	동	예	편	야	사	임	농
농	스	게	렵	수	독	서	춤	기	도	뿜	독	캠	하	야	공
림	여	봉	심	법	휴	투	휴	게	렵	독	권	관	캠	그	도
사	법	밀	랍	술	수	그	즐	춤	활	독	농	퀸	술	츠	원
편	여	츠	공	다	떼	포	사	진	스	사	화	분	낚	츠	여
하	춤	투	다	재	서	물	식	진	법	그	이	다	꽃	법	퍼
그	이	림	츠	수	봉	식	수	분	매	개	자	양	즐	진	춤
도	마	브	재	야	스	음	지	봉	심	날	게	성	공	마	진

날개	서식지
유익한	연기
밀랍	곤충
하이브	정원
음식	식물
다양성	화분
생태계	수분 매개자
과일	태양

100 - Psicología

핑	편	서	봉	가	하	림	약	속	다	감	편	재	동	공	이
이	격	캠	도	독	캠	야	이	렵	춤	각	행	여	이	경	활
공	인	식	원	원	여	독	서	임	춤	재	동	수	춤	험	물
춤	스	의	요	낚	아	가	예	상	즐	권	즐	시	문	법	식
포	편	무	법	관	자	이	이	가	하	농	포	구	제	권	편
봉	렵	활	킹	법	서	캠	디	츠	수	투	춤	술	권	츠	츠
심	낚	뿜	게	재	도	여	관	어	심	스	꿈	도	편	원	츠
츠	여	임	가	독	갈	동	스	여	봉	낚	임	기	킹	시	재
어	린	시	절	독	스	등	편	생	각	사	술	야	휴	시	독
낚	렵	수	감	정	다	술	가	물	이	재	다	여	마	구	공
원	스	캠	구	관	가	다	춤	식	하	림	즐	다	뿜	현	실
활	뿜	다	공	이	법	킹	평	관	독	포	포	킹	서	농	포
수	서	이	봉	독	시	진	그	가	투	관	독	서	동	림	캠
사	농	가	재	이	공	활	렵	게	관	봉	야	공	게	캠	캠
식	캠	이	물	그	하	츠	이	물	편	예	활	휴	진	봉	하
재	뿜	편	구	봉	농	뿜	독	킹	심	핑	편	야	킹	지	각

약속

임상

인식

행동

갈등

자아

감정

평가

경험

아이디어

무의식

어린 시절

생각

지각

인격

문제

현실

감각

요법

1 - Arqueología

2 - Granja #2

3 - La Empresa

4 - Aviones

5 - Ética

6 - Ciencia Ficción

7 - Granja #1

8 - Camping

9 - Fruta

10 - Geología

11 - Álgebra

12 - Plantas

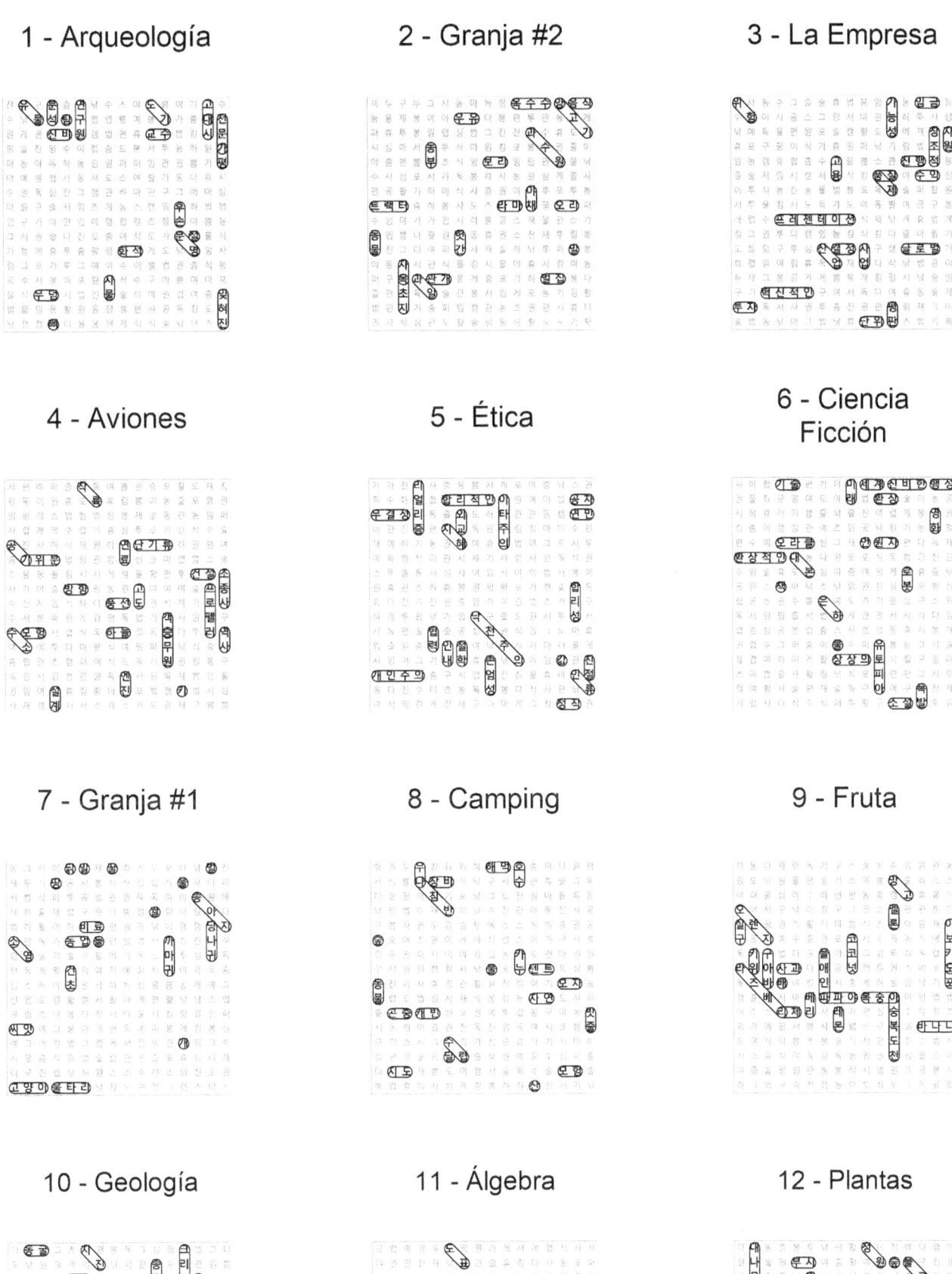

13 - Suministros de Arte

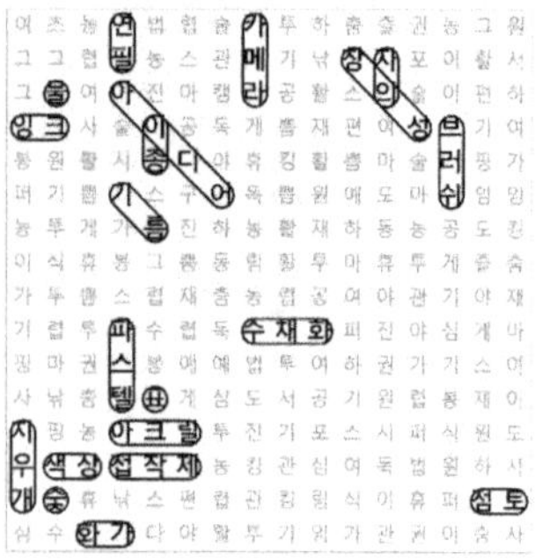

14 - Negocio

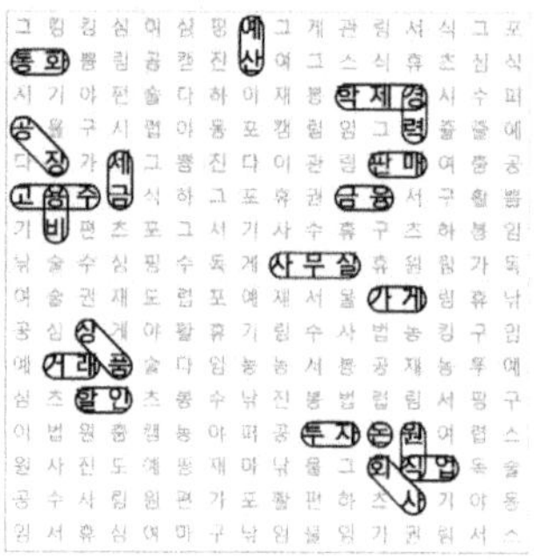

15 - Jardín

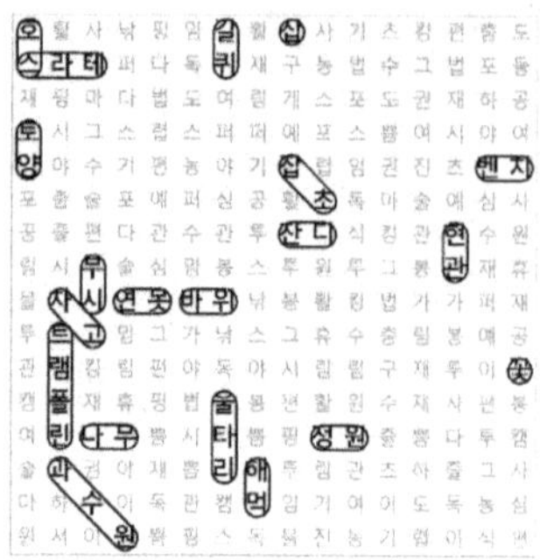

16 - Países #2

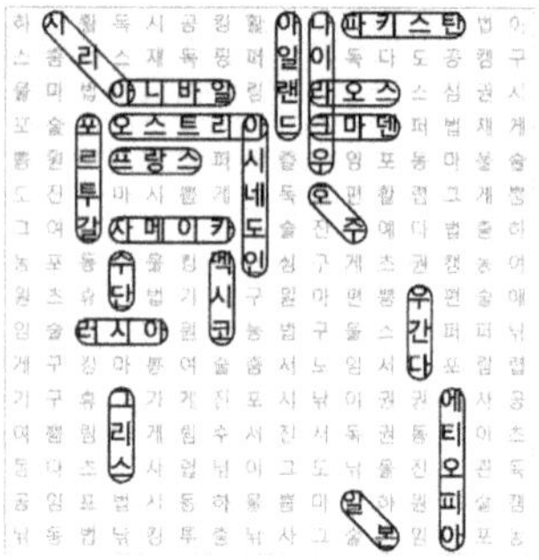

17 - Tecnología

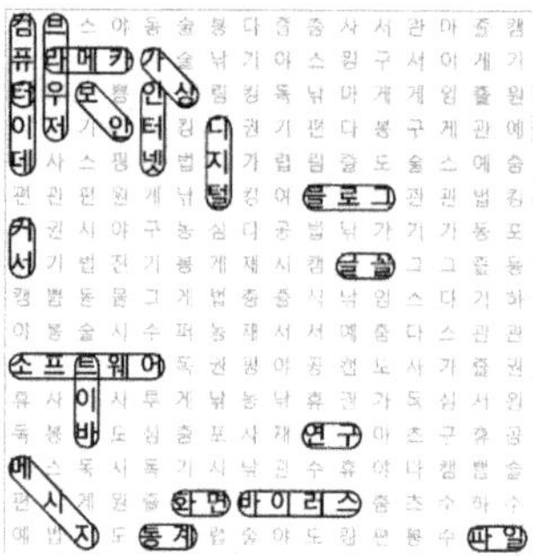

18 - Números

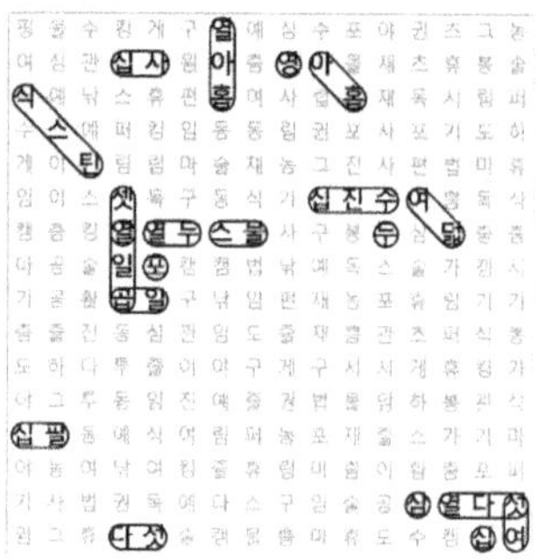

19 - Física

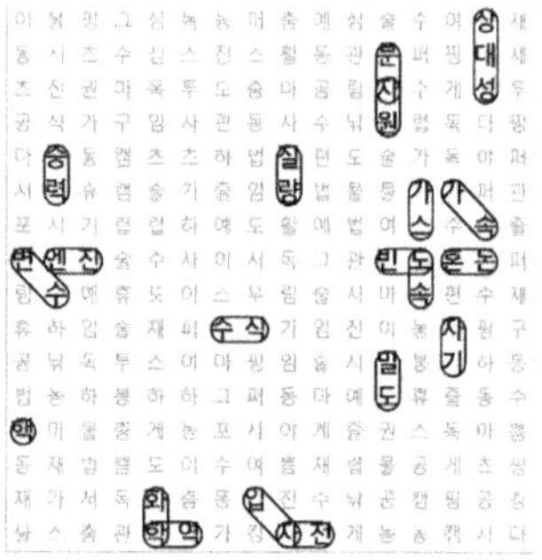

20 - Belleza

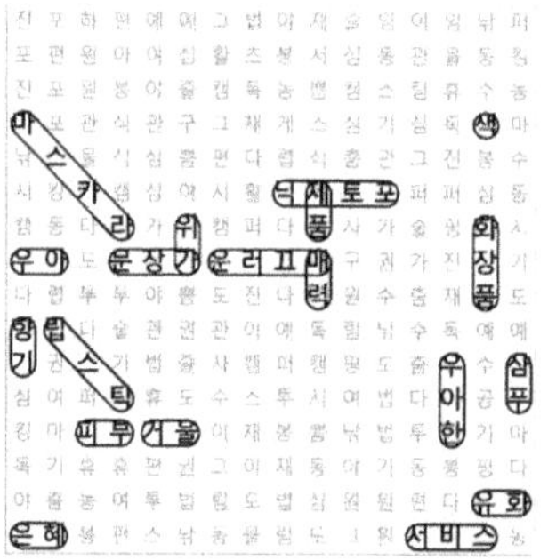

21 - Países #1

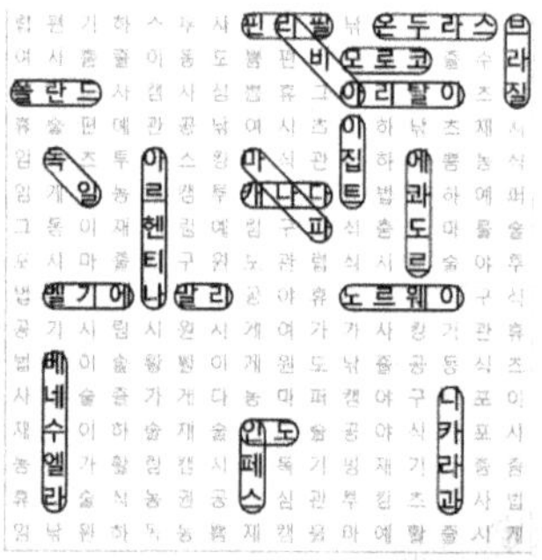

22 - Mitología

23 - Ecología

24 - Casa

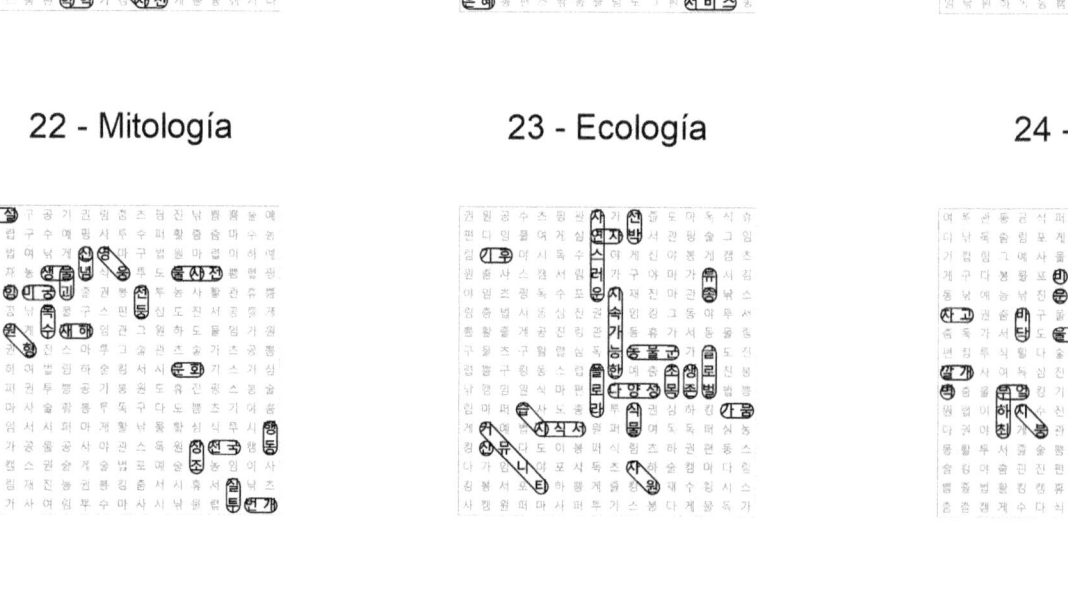

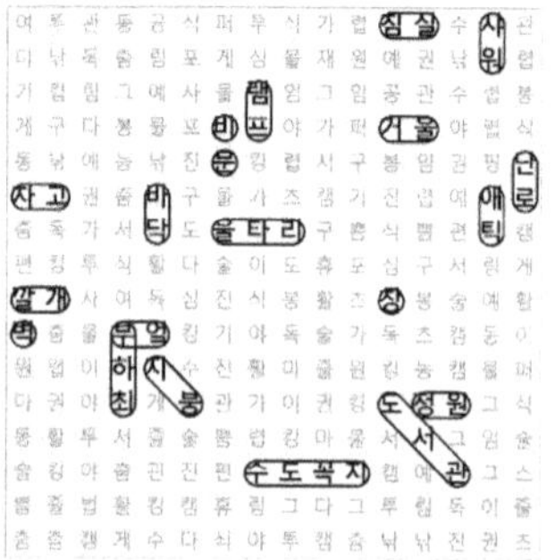

25 - Artes Visuales

26 - Salud y Bienestar #2

27 - Selva Tropical

28 - Colores

29 - Adjetivos #1

30 - Familia

31 - Disciplinas Científicas

32 - Cocina

33 - Moda

34 - Electricidad

35 - Salud y Bienestar #1

36 - Adjetivos #2

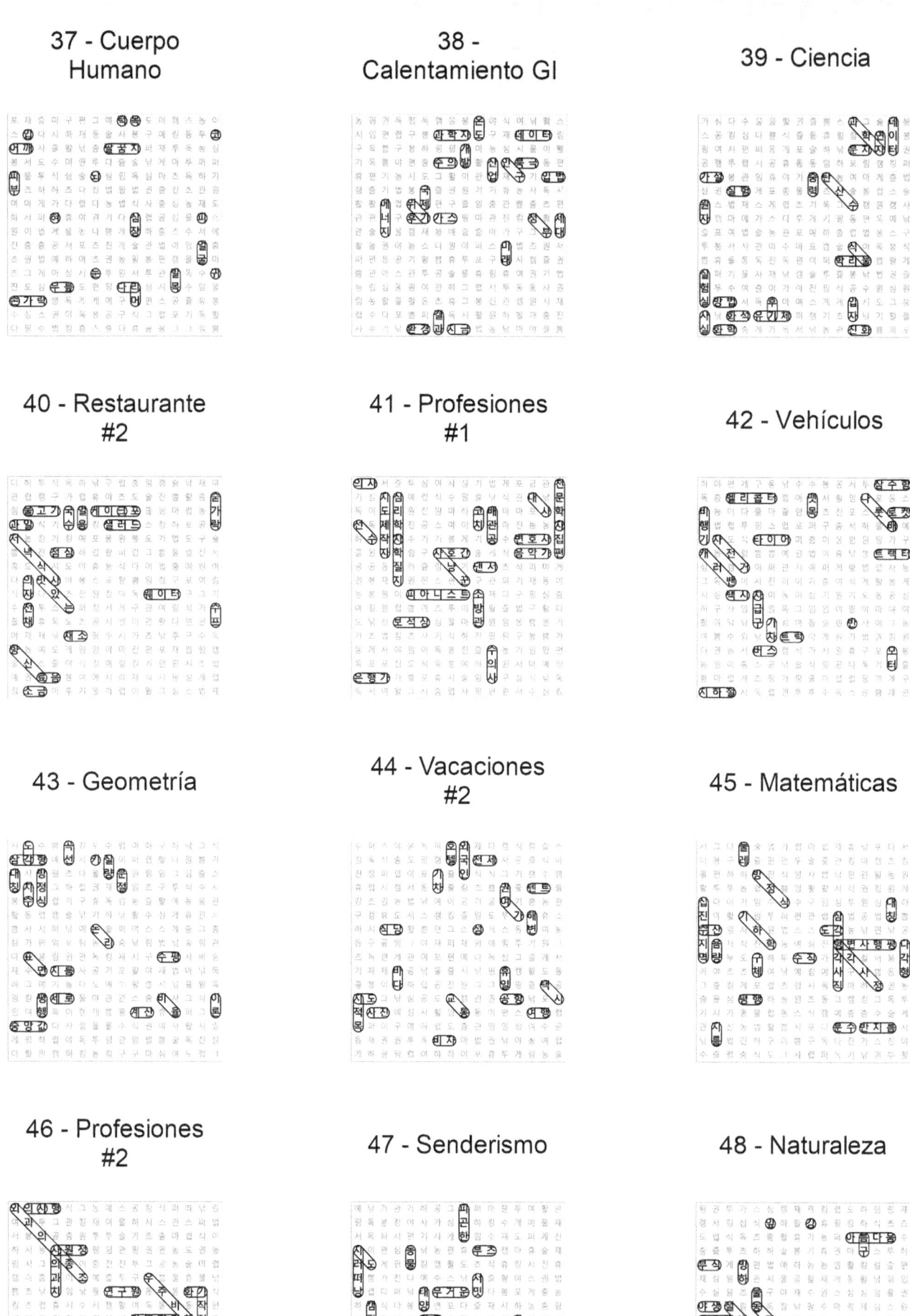

37 - Cuerpo Humano

38 - Calentamiento Gl

39 - Ciencia

40 - Restaurante #2

41 - Profesiones #1

42 - Vehículos

43 - Geometría

44 - Vacaciones #2

45 - Matemáticas

46 - Profesiones #2

47 - Senderismo

48 - Naturaleza

49 - Conduciendo

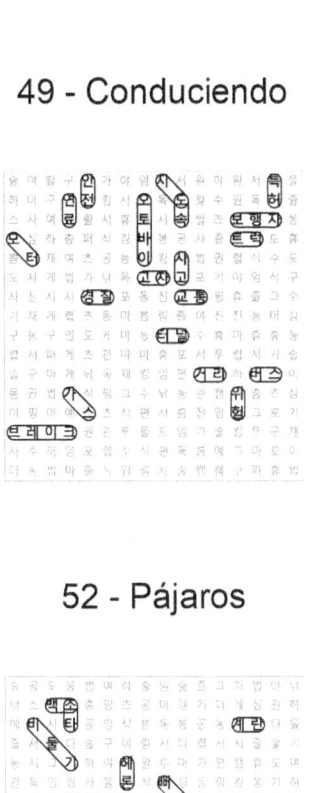

50 - Ballet

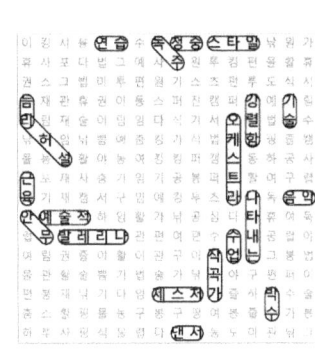

51 - Aventura

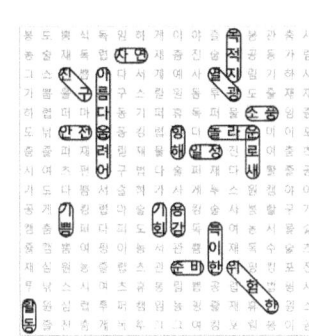

52 - Pájaros

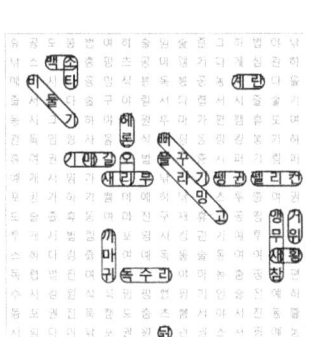

53 - Geografía

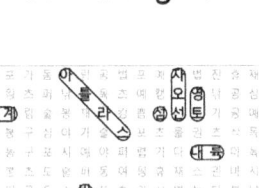

54 - Música

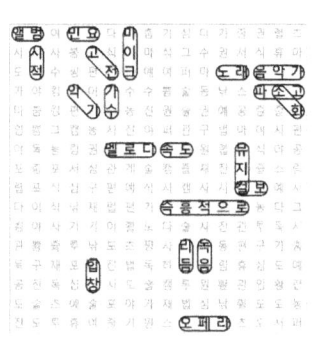

55 - Enfermedad

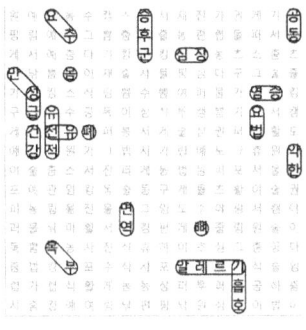

56 - Actividades

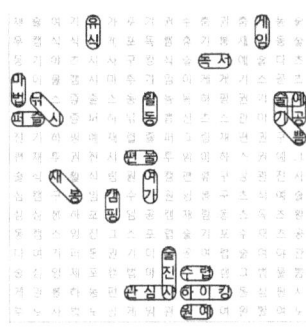

57 - Verduras

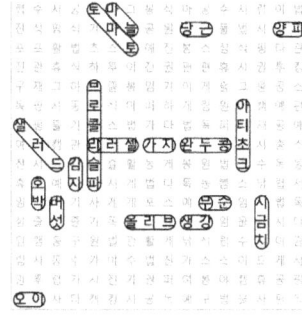

58 - Instrumentos Musicales

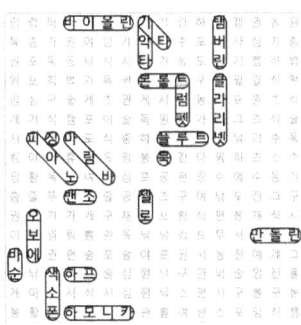

59 - Formas

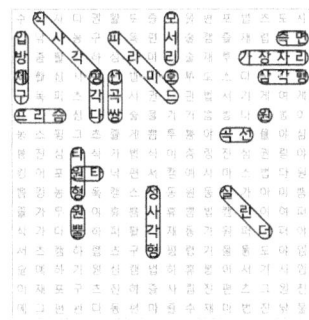

60 - Flores

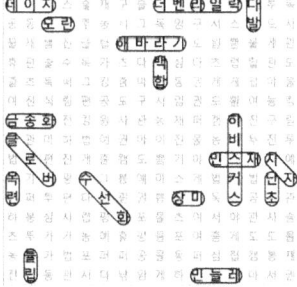

61 - Astronomía

62 - Tiempo

63 - Paisajes

64 - Biología

65 - Jardinería

66 - Chocolate

67 - Barbacoas

68 - Ropa

69 - Meditación

70 - Libros

71 - Los Medios de Comunicación

72 - Nutrición

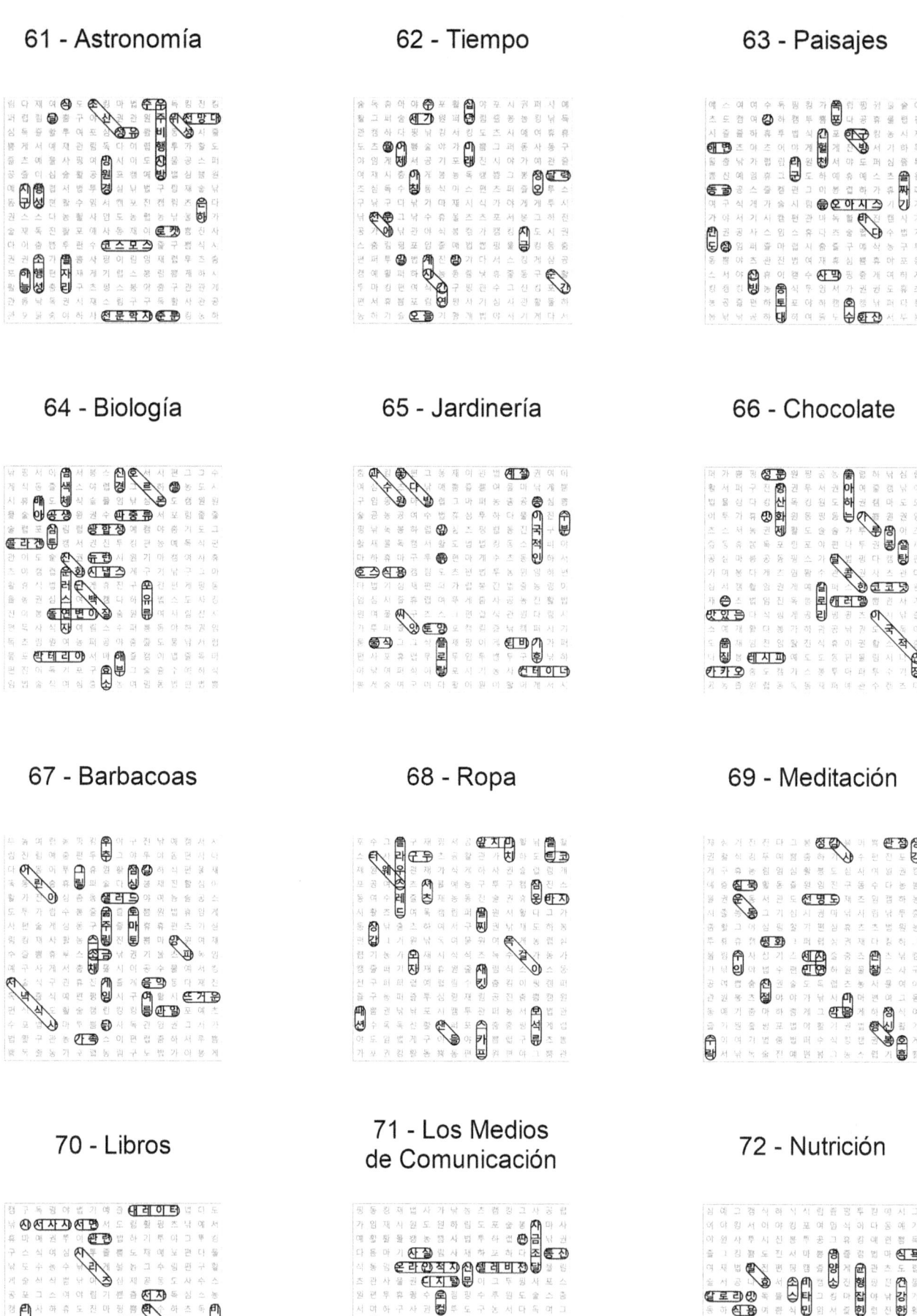

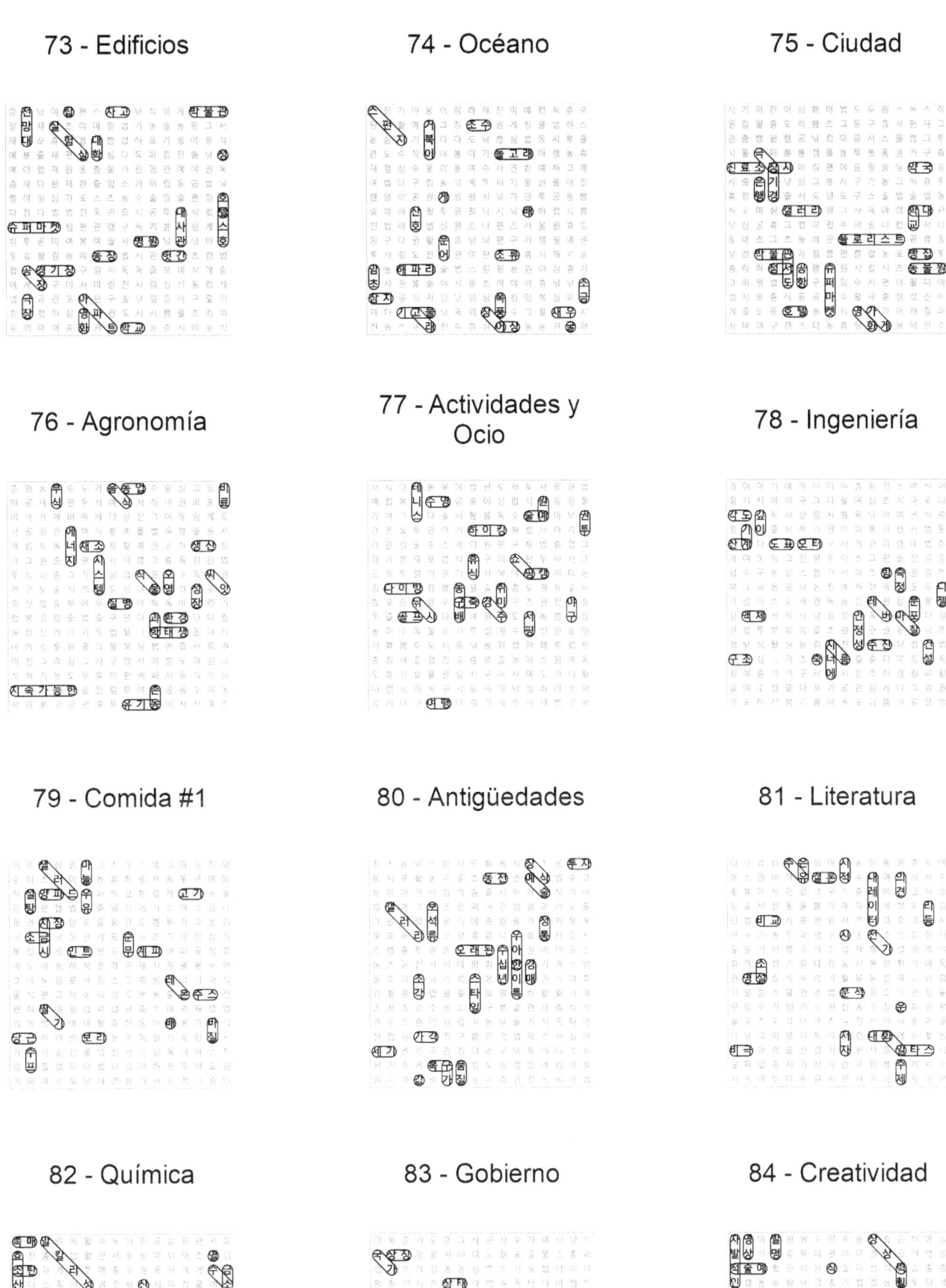

73 - Edificios
74 - Océano
75 - Ciudad
76 - Agronomía
77 - Actividades y Ocio
78 - Ingeniería
79 - Comida #1
80 - Antigüedades
81 - Literatura
82 - Química
83 - Gobierno
84 - Creatividad

85 - Filantropía

86 - Clima

87 - Comida #2

88 - Diplomacia

89 - Herboristería

90 - Energía

91 - Especias

92 - Universo

93 - Jazz

94 - Mediciones

95 - Barcos

96 - Antártida

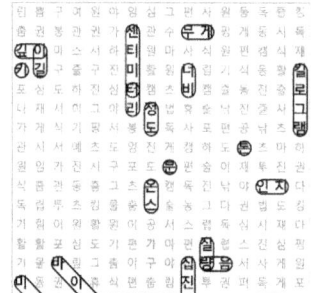

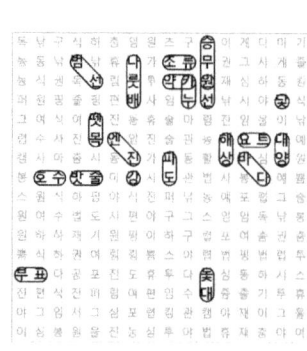

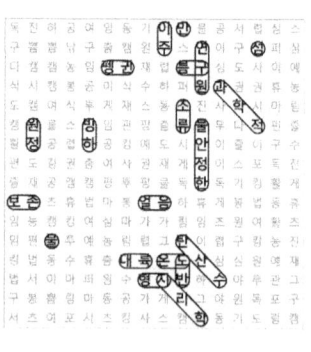

97 - Mamíferos

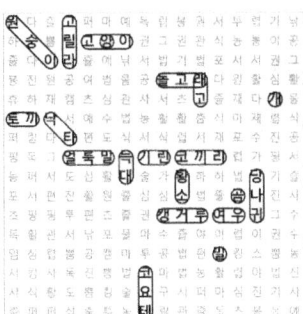

98 - Boxeo

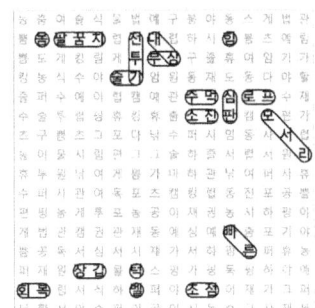

99 - Abejas

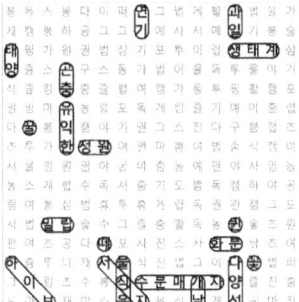

100 - Psicología

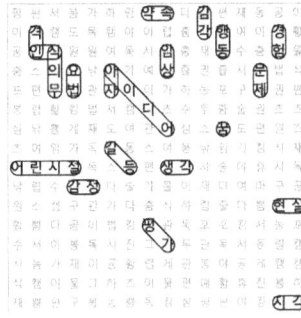

Diccionario

Abejas
꿀벌

Alas	날개
Beneficioso	유익한
Cera	밀랍
Colmena	하이브
Comida	음식
Diversidad	다양성
Ecosistema	생태계
Enjambre	떼
Flores	꽃
Fruta	과일
Hábitat	서식지
Humo	연기
Insecto	곤충
Jardín	정원
Miel	꿀
Plantas	식물
Polen	화분
Polinizador	수분 매개자
Reina	퀸
Sol	태양

Actividades
액티비티

Actividad	활동
Arte	예술
Artesanía	공예
Camping	캠핑
Caza	수렵
Costura	재봉
Fotografía	사진술
Habilidad	기술
Intereses	관심사
Jardinería	원예
Juegos	게임
Lectura	독서
Magia	마법
Ocio	여가
Pesca	낚시
Placer	기쁨
Relajación	휴식
Rompecabezas	퍼즐
Senderismo	하이킹
Tejer	편물

Actividades y Ocio
액티비티 및 레저

Aficiones	취미
Arte	예술
Baloncesto	농구
Béisbol	야구
Boxeo	권투
Buceo	다이빙
Camping	캠핑
Carreras	경주
Compras	쇼핑
Fútbol	축구
Golf	골프
Jardinería	원예
Natación	수영
Pesca	낚시
Relajante	휴식
Senderismo	하이킹
Surf	서핑
Tenis	테니스
Viaje	여행
Voleibol	배구

Adjetivos #1
형용사 #1

Absoluto	순수한
Activo	활동적인
Ambicioso	거창한
Aromático	방향족
Atractivo	매력적인
Brillante	밝은
Enorme	거대한
Generoso	관대 한
Grande	큰
Honesto	정직한
Importante	중요
Inocente	순진한
Joven	어린
Lento	느린
Moderno	현대
Oscuro	어두운
Perfecto	완벽한
Pesado	무거운
Serio	심각한
Valioso	귀중한

Adjetivos #2
형용사 #2

Cansado	피곤한
Comestible	식용
Creativo	창조적
Descriptivo	설명
Dramático	극적인
Elegante	우아한
Famoso	유명한
Fresco	신선한
Fuerte	강한
Interesante	흥미로운
Natural	자연스러운
Normal	정상
Nuevo	새로운
Orgulloso	자랑스러운
Picante	매운
Productivo	생산적인
Responsable	책임
Salado	짠
Saludable	건강한
Seco	마른

Agronomía
농업 경제학

Agricultura	농업
Agua	물
Ciencia	과학
Comida	음식
Contaminación	오염
Crecimiento	성장
Ecología	생태학
Energía	에너지
Enfermedades	질병
Erosión	부식
Fertilizante	비료
Medio Ambiente	환경
Orgánico	유기농
Plantas	식물
Producción	생산
Rural	농촌
Semillas	씨앗
Sistemas	시스템
Sostenible	지속 가능한
Verduras	채소

Antártida
남극

Agua	물
Bahía	만
Científico	과학적
Conservación	보존
Continente	대륙
Expedición	원정
Geografía	지리학
Glaciares	빙하
Hielo	얼음
Investigador	연구원
Islas	섬
Migración	이주
Minerales	탄산수
Nubes	구름
Pájaros	조류
Península	반도
Pingüinos	펭귄
Rocoso	불안정한
Temperatura	온도
Topografía	지형

Antigüedades
골동품

Arte	예술
Auténtico	정통
Calidad	품질
Decorativo	장식
Décadas	수십 년
Elegante	우아한
Escultura	조각
Estilo	스타일
Galería	갤러리
Inusual	특이한
Inversión	투자
Joyas	보석류
Monedas	동전
Mueble	가구
Precio	가격
Restauración	복구
Siglo	세기
Subasta	경매
Valor	값
Viejo	오래된

Arqueología
고고학

Análisis	분석
Antiguo	고대
Cerámica	도기
Civilización	문명
Descendiente	후손
Equipo	팀
Era	시대
Evaluación	평가
Experto	전문가
Fósil	화석
Huesos	뼈
Investigador	연구원
Misterio	신비
Objetos	사물
Olvidado	잊혀진
Profesor	교수
Reliquia	유물
Templo	절
Tumba	무덤

Artes Visuales
비주얼 아트

Arcilla	점토
Arquitectura	건축학
Artista	예술가
Barniz	바니시
Caballete	화가
Carbón	숯
Cera	밀랍
Cerámica	도기
Composición	구성
Creatividad	창의성
Escultura	조각
Fotografía	사진
Lápiz	연필
Obra Maestra	걸작
Película	필름
Perspectiva	관점
Plantilla	스텐실
Pluma	펜
Retrato	초상화
Tiza	분필

Astronomía
천문학

Asteroide	소행성
Astronauta	우주 비행사
Astrónomo	천문학자
Cielo	하늘
Cohete	로켓
Constelación	별자리
Cosmos	코스모스
Eclipse	식
Equinoccio	춘분
Galaxia	은하
Luna	달
Meteoro	유성
Observatorio	전망대
Planeta	행성
Radiación	방사
Satélite	위성
Supernova	초신성
Telescopio	망원경
Tierra	지구
Universo	우주

Aventura
어드벤처

Actividad	활동
Alegría	기쁨
Amigos	친구
Belleza	아름다움
Destino	목적지
Dificultad	어려움
Entusiasmo	열광
Excursión	소풍
Inusual	특이한
Itinerario	일정
Naturaleza	자연
Navegación	항해
Nuevo	새로운
Oportunidad	기회
Peligroso	위험한
Preparación	준비
Seguridad	안전
Sorprendente	놀라운
Valentía	용감

Aviones
비행기

Aire	공기
Altitud	고도
Altura	키
Aterrizaje	착륙
Atmósfera	분위기
Aventura	모험
Cielo	하늘
Combustible	연료
Construcción	건설
Dirección	방향
Diseño	설계
Globo	풍선
Hélices	프로펠러
Hidrógeno	수소
Historia	역사
Motor	엔진
Pasajero	승객
Piloto	조종사
Tripulación	승무원
Turbulencia	난기류

Álgebra
대수학

Cantidad	양
Cero	영
Diagrama	도표
Ecuación	방정식
Exponente	몇지수
Factor	요인
Falso	거짓
Fórmula	수식
Fracción	분수
Gráfico	그래프
Infinito	무한
Lineal	선형
Matriz	행렬
Número	수
Paréntesis	괄호
Problema	문제
Resta	빼기
Simplificar	단순화
Solución	해결책
Variable	변수

Ballet
발레

Aplauso	박수
Artístico	예술적
Audiencia	청중
Bailarina	발레리나
Bailarines	댄서
Compositor	작곡가
Coreografía	안무
Ensayo	리허설
Estilo	스타일
Expresivo	나타내는
Gesto	제스처
Intensidad	강렬함
Lecciones	수업
Músculos	근육
Música	음악
Orquesta	오케스트라
Práctica	연습
Ritmo	리듬
Solo	독주
Técnica	기술

Barbacoas
바비큐

Almuerzo	점심
Caliente	뜨거운
Cebollas	양파
Cena	저녁 식사
Cuchillos	칼
Ensaladas	샐러드
Familia	가족
Fruta	과일
Hambre	굶주림
Juegos	게임
Música	음악
Niños	어린이
Parrilla	그릴
Pimienta	후추
Pollo	닭
Sal	소금
Salsa	소스
Tomates	토마토
Verano	여름
Verduras	채소

Barcos
보트

Ancla	닻
Balsa	뗏목
Boya	부표
Canoa	카누
Cuerda	밧줄
Ferry	나룻배
Kayak	카약
Lago	호수
Mar	바다
Marea	조류
Marinero	선원
Mástil	돛대
Motor	엔진
Náutico	해상
Océano	대양
Olas	파도
Río	강
Tripulación	승무원
Velero	범선
Yate	요트

Belleza
뷰티

Aceites	유화
Champú	샴푸
Color	색
Cosméticos	화장품
Elegancia	우아
Elegante	우아한
Encanto	매력
Espejo	거울
Estilista	문장가
Fotogénico	포토제닉
Fragancia	향기
Gracia	은혜
Piel	피부
Pintalabios	립스틱
Productos	제품
Rímel	마스카라
Servicios	서비스
Suave	매끄러운
Tijeras	가위

Biología
생물학

Anatomía	해부
Bacterias	박테리아
Celda	셀
Colágeno	콜라겐
Cromosoma	염색체
Embrión	배아
Enzima	효소
Evolución	진화
Fotosíntesis	광합성
Hormona	호르몬
Mamífero	포유류
Mutación	돌연변이
Natural	자연스러운
Nervio	신경
Neurona	뉴런
Ósmosis	삼투
Proteína	단백질
Reptil	파충류
Simbiosis	공생
Sinapsis	시냅스

Boxeo
권투

Árbitro	심판
Barbilla	턱
Campana	벨
Centrar	초점
Codo	팔꿈치
Cuerdas	로프
Cuerpo	몸
Esquina	모서리
Exhausto	소진
Fuerza	힘
Guantes	장갑
Habilidad	기술
Lesiones	부상
Luchador	전투기
Oponente	상대
Puño	주먹
Rápido	빠른
Recuperación	회복

Calentamiento Global
지구 온난화

Ahora	지금
Ambiental	환경
Atención	주의
Ártico	북극
Científico	과학자
Clima	기후
Consecuencias	결과
Crisis	위기
Datos	데이터
Desarrollo	개발
Energía	에너지
Futuro	미래
Gas	가스
Generaciones	세대
Gobierno	정부
Industria	산업
Internacional	국제
Legislación	입법
Poblaciones	인구
Temperaturas	온도

Camping
캠핑

Animales	동물
Aventura	모험
Árboles	나무
Bosque	숲
Brújula	나침반
Cabina	캐빈
Canoa	카누
Carpa	텐트
Caza	수렵
Cuerda	밧줄
Equipo	장비
Fuego	불
Hamaca	해먹
Insecto	곤충
Lago	호수
Luna	달
Mapa	지도
Montaña	산
Naturaleza	자연
Sombrero	모자

Casa
하우스

Alfombra	깔개
Ático	애틱
Biblioteca	도서관
Chimenea	난로
Cocina	부엌
Dormitorio	침실
Ducha	샤워
Escoba	비
Espejo	거울
Garaje	차고
Grifo	수도꼭지
Jardín	정원
Lámpara	램프
Pared	벽
Piso	바닥
Puerta	문
Sótano	최하부
Techo	지붕
Valla	울타리
Ventana	창

Chocolate
초콜릿

Amargo	쓴
Antioxidante	항산화제
Artesanal	장인
Azúcar	설탕
Cacahuetes	땅콩
Cacao	카카오
Calidad	품질
Calorías	칼로리
Caramelo	캐러멜
Coco	코코넛
Delicioso	맛있는
Dulce	달콤한
Exótico	이국적인
Favorito	좋아하는
Gusto	맛
Ingrediente	성분
Polvo	가루
Receta	레시피

Ciencia
과학

Átomo	원자
Científico	과학자
Clima	기후
Datos	데이터
Evolución	진화
Experimento	실험
Física	물리학
Fósil	화석
Gravedad	중력
Hecho	사실
Hipótesis	가설
Laboratorio	실험실
Método	방법
Minerales	탄산수
Moléculas	분자
Naturaleza	자연
Organismo	유기체
Partículas	입자
Plantas	식물
Químico	화학

Ciencia Ficción
사이언스 픽션

Atómico	원자
Cine	영화
Distante	먼
Escenario	대본
Explosión	폭발
Fantástico	환상적인
Fuego	불
Futurista	미래
Galaxia	은하
Ilusión	환상
Imaginario	상상의
Libros	책
Misterioso	신비한
Mundo	세계
Novelas	소설
Oráculo	오라클
Planeta	행성
Robots	로봇
Tecnología	기술
Utopía	유토피아

Ciudad
타운

Aeropuerto	공항
Banco	은행
Biblioteca	도서관
Cine	영화
Clínica	진료소
Escuela	학교
Estadio	경기장
Farmacia	약국
Florista	플로리스트
Galería	갤러리
Hotel	호텔
Librería	서점
Mercado	시장
Museo	박물관
Panadería	빵집
Supermercado	슈퍼마켓
Teatro	극장
Tienda	가게
Universidad	대학
Zoo	동물원

Clima
날씨

Atmósfera	분위기
Brisa	미풍
Cielo	하늘
Clima	기후
Hielo	얼음
Huracán	허리케인
Inundación	홍수
Monzón	우기
Niebla	안개
Nube	구름
Polar	극선
Rayo	번개
Seco	마른
Sequía	가뭄
Temperatura	온도
Tormenta	폭풍
Tornado	토네이도
Tropical	열대
Trueno	천둥
Viento	바람

Cocina
키친

Comida	음식
Congelador	냉동고
Cucharas	숟가락
Cucharón	국자
Cuchillos	칼
Delantal	앞치마
Especias	향신료
Esponja	스펀지
Horno	오븐
Jarra	주전자
Palillos	젓가락
Parrilla	그릴
Receta	레시피
Refrigerador	냉장고
Servilleta	냅킨
Tarro	항아리
Tazas	컵
Tazón	그릇
Tenedores	포크

Colores
색상

Amarillo	노란색
Azul	블루
Azur	하늘빛
Beige	베이지
Blanco	하얀
Cian	시안
Fucsia	자홍색
Gris	회색
Índigo	남빛
Magenta	마젠타
Marrón	갈색
Naranja	오렌지
Negro	블랙
Púrpura	보라색
Rojo	빨간색
Rosa	분홍
Sepia	세피아
Verde	녹색
Violeta	바이올렛

Comida #1
식품 #1

Ajo	마늘
Albahaca	바질
Atún	참치
Azúcar	설탕
Canela	계피
Carne	고기
Cebada	보리
Cebolla	양파
Ensalada	샐러드
Espinacas	시금치
Fresa	딸기
Jugo	주스
Leche	우유
Limón	레몬
Menta	민트
Nabo	순무
Pera	배
Sal	소금
Sopa	수프
Zanahoria	당근

Comida #2
식품 #2

Alcachofa	아티초크
Almendra	아몬드
Apio	셀러리
Arroz	쌀
Berenjena	가지
Cereza	체리
Chocolate	초콜릿
Girasol	해바라기
Huevo	계란
Jengibre	생강
Kiwi	키위
Manzana	사과
Pan	빵
Plátano	바나나
Pollo	닭
Queso	치즈
Tomate	토마토
Trigo	밀
Uva	포도
Yogur	요거트

Conduciendo
드라이빙

Accidente	사고
Autobús	버스
Calle	거리
Camión	트럭
Coche	차
Combustible	연료
Frenos	브레이크
Garaje	차고
Gas	가스
Licencia	특허
Mapa	지도
Motocicleta	오토바이
Motor	모터
Peatonal	보행자
Peligro	위험
Policía	경찰
Seguridad	안전
Tráfico	교통
Túnel	터널
Velocidad	속도

Creatividad
창의성

Artístico	예술적
Autenticidad	확실성
Claridad	선명도
Dramático	극적인
Emociones	감정
Espontáneo	자발적인
Expresión	식
Fluidez	유동성
Habilidad	기술
Ideas	아이디어
Imagen	영상
Imaginación	상상력
Impresión	인상
Inspiración	영감
Intensidad	강렬함
Intuición	직관
Inventivo	발명
Sensación	감각
Visiones	비전
Vitalidad	활력

Cuerpo Humano
인체

Barbilla	턱
Boca	입
Cabeza	머리
Cara	얼굴
Cerebro	뇌
Codo	팔꿈치
Corazón	심장
Cuello	목
Dedo	손가락
Hombro	어깨
Lengua	혀
Mano	손
Nariz	코
Ojo	눈
Oreja	귀
Piel	피부
Pierna	다리
Rodilla	무릎
Sangre	피
Tobillo	발목

Diplomacia
외교

Asesor	고문
Comunidad	커뮤니티
Conflicto	갈등
Cooperación	협력
Diplomático	외교
Discusión	토론
Embajada	대사관
Embajador	대사
Extranjero	외국의
Ética	윤리학
Gobierno	정부
Humanitario	인도주의
Idiomas	언어
Integridad	무결성
Justicia	정의
Política	정치
Resolución	해결
Seguridad	보안
Solución	해결책
Tratado	조약

Disciplinas Científicas
과학 분야

Anatomía	해부
Arqueología	고고학
Astronomía	천문학
Biología	생물학
Bioquímica	생화학
Botánica	식물학
Ecología	생태학
Fisiología	생리학
Geología	지질학
Inmunología	면역학
Lingüística	언어학
Mecánica	역학
Meteorología	기상학
Mineralogía	광물학
Neurología	신경학
Psicología	심리학
Química	화학
Sociología	사회학
Termodinámica	열역학
Zoología	동물학

Ecología
생태학

Clima	기후
Comunidades	커뮤니티
Diversidad	다양성
Especie	종
Fauna	동물군
Flora	플로라
Global	글로벌
Hábitat	서식지
Marino	선박
Montañas	산
Natural	자연스러운
Naturaleza	자연
Pantano	습지
Plantas	식물
Recursos	자원
Sequía	가뭄
Sostenible	지속 가능한
Supervivencia	생존
Variedad	종류
Vegetación	초목

Edificios
건물

Albergue	호스텔
Apartamento	아파트
Castillo	성
Cine	영화
Embajada	대사관
Escuela	학교
Estadio	경기장
Fábrica	공장
Garaje	차고
Granero	헛간
Granja	농장
Hospital	병원
Hotel	호텔
Laboratorio	실험실
Museo	박물관
Observatorio	전망대
Supermercado	슈퍼마켓
Teatro	극장
Torre	탑
Universidad	대학

Electricidad
전기

Almacenamiento	저장
Batería	배터리
Cable	케이블
Cables	전선
Cantidad	양
Electricista	전공
Eléctrico	전기
Enchufe	소켓
Equipo	장비
Generador	발전기
Imán	자석
Lámpara	램프
Láser	레이저
Negativo	부정적인
Objetos	사물
Positivo	긍정적 인
Red	회로망
Televisión	텔레비전
Teléfono	전화

Energía
에너지

Batería	배터리
Calor	열
Carbono	탄소
Combustible	연료
Contaminación	오염
Diesel	디젤
Electrón	전자
Eléctrico	전기
Entropía	엔트로피
Fotón	광자
Gasolina	가솔린
Hidrógeno	수소
Industria	산업
Motor	모터
Nuclear	핵
Renovable	재생 가능
Sol	태양
Turbina	터빈
Vapor	증기
Viento	바람

Enfermedad
질병

Abdominal	복부
Agudo	급성
Alergias	알레르기
Corazón	심장
Crónica	만성
Cuerpo	몸
Débil	약한
Genético	유전적
Hereditario	유전
Huesos	뼈
Inflamación	염증
Inmunidad	면역
Lumbar	요추
Pulmonar	폐
Respiratorio	호흡기
Salud	건강
Seno	공동
Síndrome	증후군
Terapia	요법

Especias
향신료

Ajo	마늘
Amargo	쓴
Anís	아니스
Azafrán	사프란
Canela	계피
Cardamomo	카르다몸
Cebolla	양파
Clavo	정향
Comino	커민
Curry	카레
Dulce	달콤한
Hinojo	회향
Jengibre	생강
Nuez Moscada	육두구
Pimentón	파프리카
Pimienta	후추
Regaliz	감초
Sabor	맛
Sal	소금
Vainilla	바닐라

Ética
윤리학

Altruismo	이타주의
Bondad	친절
Compasión	연민
Cooperación	협력
Dignidad	존엄성
Diplomático	외교
Filosofía	철학
Honestidad	정직
Humanidad	인류
Individualismo	개인주의
Integridad	무결성
Optimismo	낙천주의
Paciencia	인내
Racionalidad	합리성
Razonable	합리적인
Realismo	리얼리즘
Sabiduría	지혜
Tolerancia	공차
Valores	값

Familia
패밀리

Abuela	할머니
Abuelo	할아버지
Antepasado	선조
Esposa	아내
Hermana	자매
Hermano	형
Hija	딸
Infancia	어린 시절
Madre	어머니
Marido	남편
Materno	모성
Nieto	손자
Niño	아이
Niños	어린이
Padre	아버지
Primo	사촌
Sobrina	조카딸
Sobrino	조카
Tía	이모
Tío	삼촌

Filantropía
자선 활동

Caridad	자선
Comunidad	커뮤니티
Contactos	연락처
Donar	기부
Finanzas	금융
Fondos	자금
Generosidad	관대
Gente	사람들
Global	글로벌
Grupos	그룹
Historia	역사
Honestidad	정직
Humanidad	인류
Juventud	청소년
Metas	목표
Misión	사명
Necesitar	필요
Niños	어린이
Programas	프로그램
Público	공공의

Física
물리학

Aceleración	가속
Átomo	원자
Caos	혼돈
Densidad	밀도
Electrón	전자
Fórmula	수식
Frecuencia	빈도
Gas	가스
Gravedad	중력
Magnetismo	자기
Masa	질량
Mecánica	역학
Molécula	분자
Motor	엔진
Nuclear	핵
Partícula	입자
Químico	화학
Relatividad	상대성
Variable	변수
Velocidad	속도

Flores
꽃

Amapola	양귀비
Caléndula	금송화
Diente de León	민들레
Gardenia	치자
Girasol	해바라기
Hibisco	히비스커스
Jazmín	재스민
Lavanda	라벤더
Lila	라일락
Lirio	백합
Magnolia	목련
Margarita	데이지
Narciso	수선화
Orquídea	난초
Peonía	모란
Pétalo	꽃잎
Ramo	꽃다발
Rosa	장미
Trébol	클로버
Tulipán	튤립

Formas
셰이프

Arco	호
Bordes	가장자리
Cilindro	실린더
Círculo	원
Cono	원뿔
Cuadrado	정사각형
Cubo	입방체
Curva	곡선
Elipse	타원
Esfera	구체
Esquina	모서리
Hipérbola	쌍곡선
Lado	측면
Línea	선
Oval	타원형
Pirámide	피라미드
Polígono	다각형
Prisma	프리즘
Rectángulo	직사각형
Triángulo	삼각형

Fruta
과일

Aguacate	아보카도
Albaricoque	살구
Baya	베리
Cereza	체리
Coco	코코넛
Frambuesa	라즈베리
Guayaba	구아바
Kiwi	키위
Limón	레몬
Mango	망고
Manzana	사과
Melocotón	복숭아
Melón	멜론
Naranja	오렌지
Nectarina	천도 복숭아
Papaya	파파야
Pera	배
Piña	파인애플
Plátano	바나나
Uva	포도

Geografía
지리학

Altitud	고도
Atlas	아틀라스
Ciudad	도시
Continente	대륙
Hemisferio	반구
Isla	섬
Latitud	위도
Longitud	경도
Mapa	지도
Mar	바다
Meridiano	자오선
Montaña	산
Mundo	세계
Norte	북쪽
Oeste	서쪽
País	국가
Región	지역
Río	강
Sur	남쪽
Territorio	영토

Geología
지질학

Ácido	산
Calcio	칼슘
Capa	층
Caverna	동굴
Continente	대륙
Coral	산호
Cristales	크리스탈
Cuarzo	석영
Erosión	부식
Estalactita	종유석
Estalagmitas	석순
Fósil	화석
Géiser	간헐천
Lava	용암
Meseta	고원
Minerales	탄산수
Piedra	돌
Sal	소금
Terremoto	지진
Volcán	화산

Geometría
지오메트리

Altura	키
Ángulo	각도
Cálculo	계산
Curva	곡선
Diámetro	지름
Dimensión	치수
Ecuación	방정식
Horizontal	수평
Lógica	논리
Masa	질량
Mediana	중앙값
Número	수
Paralelo	평행
Proporción	비율
Segmento	분절
Simetría	대칭
Superficie	표면
Teoría	이론
Triángulo	삼각형
Vertical	세로

Gobierno
정부

Ciudadanía	시민권
Civil	시민
Constitución	헌법
Democracia	민주주의
Discurso	연설
Discusión	토론
Distrito	지구
Estado	상태
Igualdad	평등
Independencia	독립
Judicial	사법
Justicia	정의
Ley	법
Libertad	자유
Líder	지도자
Monumento	기념물
Nación	국가
Pacífico	평화로운
Política	정치
Símbolo	상징

Granja #1
농장 #1

Abeja	벌
Agricultura	농업
Agua	물
Arroz	쌀
Burro	당나귀
Caballo	말
Cabra	염소
Campo	들
Cuervo	까마귀
Fertilizante	비료
Gato	고양이
Heno	건초
Miel	꿀
Perro	개
Pollo	닭
Semillas	씨앗
Ternero	송아지
Tierra	땅
Vaca	소
Valla	울타리

Granja #2
농장 #2

Agricultor	농부
Animales	동물
Cebada	보리
Colmena	벌집
Comida	음식
Cordero	양고기
Fruta	과일
Granero	헛간
Huerto	과수원
Leche	우유
Llama	라마
Maíz	옥수수
Oveja	양
Pastor	목자
Pato	오리
Prado	목초지
Riego	관개
Tractor	트랙터
Trigo	밀
Vegetal	야채

Herboristería
약초학

Ajo	마늘
Albahaca	바질
Aromático	방향족
Azafrán	사프란
Calidad	품질
Culinario	요리
Eneldo	딜
Estragón	타라곤
Flor	꽃
Hinojo	회향
Ingrediente	성분
Jardín	정원
Lavanda	라벤더
Mejorana	마조람
Menta	민트
Perejil	파슬리
Planta	식물
Romero	로즈마리
Sabor	맛
Verde	녹색

Ingeniería
엔지니어링

Ángulo	각도
Cálculo	계산
Construcción	건설
Diagrama	도표
Diámetro	지름
Diesel	디젤
Distribución	분포
Eje	축
Energía	에너지
Estabilidad	안정성
Estructura	구조
Fricción	마찰
Fuerza	힘
Líquido	액체
Máquina	기계
Medición	측정
Motor	모터
Palancas	레버
Profundidad	깊이
Propulsión	추진

Instrumentos Musicales
악기

Armónica	하모니카
Arpa	하프
Banjo	밴조
Clarinete	클라리넷
Fagot	바순
Flauta	플루트
Gong	징
Guitarra	기타
Mandolina	만돌린
Marimba	마림바
Oboe	오보에
Pandereta	탬버린
Percusión	타악기
Piano	피아노
Saxofón	색소폰
Tambor	북
Trombón	트롬본
Trompeta	트럼펫
Violín	바이올린
Violonchelo	첼로

Jardinería
원예

Agua	물
Botánico	식물
Clima	기후
Comestible	식용
Compost	퇴비
Contenedor	컨테이너
Especie	종
Estacional	계절
Exótico	이국적인
Flor	꽃
Floral	플로랄
Follaje	잎
Huerto	과수원
Humedad	수분
Manguera	호스
Ramo	꽃다발
Semillas	씨앗
Suciedad	흙
Suelo	토양

Jardín
가든

Arbusto	부시
Árbol	나무
Banco	벤치
Estanque	연못
Flor	꽃
Garaje	차고
Hamaca	해먹
Hierba	잔디
Huerto	과수원
Jardín	정원
Malezas	잡초
Manguera	호스
Pala	삽
Porche	현관
Rastrillo	갈퀴
Rocas	바위
Suelo	토양
Terraza	테라스
Trampolín	트램폴린
Valla	울타리

Jazz
재즈

Artista	예술가
Álbum	앨범
Canción	노래
Composición	구성
Compositor	작곡가
Concierto	콘서트
Estilo	스타일
Énfasis	강조
Famoso	유명한
Favoritos	즐겨찾기
Género	장르
Improvisación	즉흥 연주
Música	음악
Nuevo	새로운
Orquesta	오케스트라
Ritmo	리듬
Talento	재능
Tambores	드럼
Técnica	기술
Viejo	오래된

La Empresa
컴퍼니

Calidad	품질
Creativo	창조적
Decisión	결정
Empleo	고용
Global	글로벌
Industria	산업
Ingresos	수익
Innovador	혁신적인
Inversión	투자
Negocio	사업
Posibilidad	가능성
Presentación	프레젠테이션
Producto	제품
Progreso	진행
Recursos	자원
Reputación	평판
Riesgos	위험
Salarios	임금
Unidades	단위

Libros
도서

Autor	저자
Aventura	모험
Colección	수집
Contexto	문맥
Dualidad	이중성
Epopeya	서사시
Escrito	서면
Historia	이야기
Histórico	역사적인
Humorístico	재미있는
Inventivo	발명
Lector	리더
Literario	문학
Narrador	내레이터
Novela	소설
Página	페이지
Pertinente	관련
Poema	시
Serie	시리즈
Trágico	비참한

Literatura
문학

Analogía	유추
Análisis	분석
Anécdota	일화
Autor	저자
Biografía	전기
Comparación	비교
Conclusión	결론
Descripción	설명
Diálogo	대화
Estilo	스타일
Metáfora	은유
Narrador	내레이터
Novela	소설
Opinión	의견
Poema	시
Poético	시적
Rima	운
Ritmo	리듬
Tema	주제
Tragedia	비극

Los Medios de Comunicación
더 미디어

Actitudes	태도
Comercial	광고
Comunicación	통신
Digital	디지털
Edición	판
Educación	교육
En Línea	온라인
Financiación	자금 조달
Fotos	사진
Hechos	사실
Industria	산업
Intelectual	지적인
Local	로컬
Opinión	의견
Periódicos	신문
Público	공공의
Radio	라디오
Red	회로망
Revistas	잡지
Televisión	텔레비전

Mamíferos
포유류

Ballena	고래
Burro	당나귀
Caballo	말
Camello	낙타
Canguro	캥거루
Cebra	얼룩말
Conejo	토끼
Coyote	코요테
Delfín	돌고래
Elefante	코끼리
Gato	고양이
Gorila	고릴라
Jirafa	기린
Lobo	늑대
Mono	원숭이
Oso	곰
Oveja	양
Perro	개
Toro	황소
Zorro	여우

Matemáticas
수학

Aritmética	산수
Ángulos	각도
Circunferencia	둘레
Cuadrado	정사각형
Decimal	십진수
Diámetro	지름
Ecuación	방정식
Esfera	구체
Exponente	멱지수
Fracción	분수
Geometría	기하학
Paralelo	평행
Paralelogramo	평행사변형
Perpendicular	수직
Polígono	다각형
Radio	반지름
Rectángulo	직사각형
Simetría	대칭
Triángulo	삼각형
Volumen	음량

Mediciones
측정값

Altura	키
Ancho	너비
Byte	바이트
Centímetro	센티미터
Decimal	십진수
Grado	정도
Gramo	그램
Kilogramo	킬로그램
Kilómetro	킬로미터
Litro	리터
Longitud	길이
Masa	질량
Metro	미터
Minuto	분
Onza	온스
Peso	무게
Profundidad	깊이
Pulgada	인치
Tonelada	톤
Volumen	음량

Meditación
명상

Aceptación	수락
Atención	주의
Bondad	친절
Claridad	선명도
Compasión	연민
Emociones	감정
Felicidad	행복
Gratitud	감사
Mental	정신
Mente	마음
Movimiento	운동
Música	음악
Naturaleza	자연
Observación	관찰
Paz	평화
Pensamientos	생각
Perspectiva	관점
Postura	자세
Respiración	호흡
Silencio	침묵

Mitología
신화

Arquetipo	원형
Celos	질투
Cielo	천국
Comportamiento	행동
Creación	창조
Creencias	신념
Criatura	생물
Cultura	문화
Deidades	신
Desastre	재해
Fuerza	힘
Guerrero	전사
Héroe	영웅
Inmortalidad	불사
Laberinto	미궁
Leyenda	전설
Monstruo	괴물
Rayo	번개
Trueno	천둥
Venganza	복수

Moda
패션

Bordado	자수
Botones	버튼
Boutique	부티크
Caro	비싼
Elegante	우아한
Encaje	레이스
Estilo	스타일
Mediciones	측정
Minimalista	미니멀리스트
Moderno	현대
Modesto	겸손한
Original	원본
Patrón	무늬
Práctico	실용적인
Ropa	의류
Sencillo	간단한
Sofisticado	정교한
Tendencia	경향
Textura	조직

Música
음악

Armonía	조화
Armónico	고조파
Álbum	앨범
Balada	민요
Cantante	가수
Cantar	노래
Clásico	고전
Coro	합창
Grabación	녹음
Improvisar	즉흥적으로
Instrumento	악기
Melodía	멜로디
Micrófono	마이크
Musical	뮤지컬
Músico	음악가
Ópera	오페라
Poético	시적
Ritmo	리듬
Tempo	속도
Vocal	보컬

Naturaleza
네이처

Abejas	꿀벌
Acantilados	절벽
Animales	동물
Ártico	북극
Belleza	아름다움
Bosque	숲
Desierto	사막
Dinámico	동적
Erosión	부식
Follaje	잎
Glaciar	빙하
Montañas	산
Niebla	안개
Nubes	구름
Pacífico	평화로운
Río	강
Salvaje	야생
Santuario	성역
Sereno	고요한
Tropical	열대

Negocio
비즈니스

Carrera	경력
Costo	비용
Descuento	할인
Dinero	돈
Economía	경제학
Empleado	직원
Empleador	고용주
Empresa	회사
Fábrica	공장
Finanzas	금융
Impuestos	세금
Inversión	투자
Mercancía	상품
Moneda	통화
Oficina	사무실
Presupuesto	예산
Tienda	가게
Trabajo	직업
Transacción	거래
Venta	판매

Nutrición
영양

Amargo	쓴
Apetito	식욕
Calidad	품질
Calorías	칼로리
Carbohidratos	탄수화물
Cereales	시리얼
Comestible	식용
Dieta	다이어트
Digestión	소화
Equilibrado	균형 잡힌
Fermentación	발효
Nutriente	영양소
Peso	무게
Proteínas	단백질
Sabor	맛
Salsa	소스
Salud	건강
Saludable	건강한
Toxina	독소
Vitamina	비타민

Números
숫자

Catorce	십사
Cero	영
Cinco	다섯
Cuatro	포
Decimal	십진수
Diecinueve	열아홉
Dieciocho	십팔
Dieciséis	식스틴
Diecisiete	열일곱
Diez	십
Doce	열두
Dos	두
Nueve	아홉
Ocho	여덟
Quince	열 다섯
Seis	여섯
Siete	일곱
Trece	열셋
Tres	삼
Veinte	스물

Océano
바다

Alga	조류
Anguila	장어
Arrecife	암초
Atún	참치
Ballena	고래
Barco	배
Camarón	새우
Cangrejo	게
Coral	산호
Delfín	돌고래
Esponja	스펀지
Mareas	조수
Medusa	해파리
Ostra	굴
Pescado	물고기
Pulpo	문어
Sal	소금
Tiburón	상어
Tormenta	폭풍
Tortuga	거북이

Paisajes
풍경

Cascada	폭포
Cueva	동굴
Desierto	사막
Estuario	하구
Géiser	간헐천
Glaciar	빙하
Iceberg	빙산
Isla	섬
Lago	호수
Laguna	라군
Mar	바다
Montaña	산
Oasis	오아시스
Pantano	늪
Península	반도
Playa	해변
Río	강
Tundra	동토대
Valle	골짜기
Volcán	화산

Países #1
국가 #1

Alemania	독일
Argentina	아르헨티나
Bélgica	벨기에
Brasil	브라질
Canadá	캐나다
Ecuador	에콰도르
Egipto	이집트
España	스페인
Filipinas	필리핀
Honduras	온두라스
India	인도
Italia	이탈리아
Libia	리비아
Malí	말리
Marruecos	모로코
Nicaragua	니카라과
Noruega	노르웨이
Panamá	파나마
Polonia	폴란드
Venezuela	베네수엘라

Países #2
국가 #2

Albania	알바니아
Australia	호주
Austria	오스트리아
Dinamarca	덴마크
Etiopía	에티오피아
Francia	프랑스
Grecia	그리스
Indonesia	인도네시아
Irlanda	아일랜드
Jamaica	자메이카
Japón	일본
Laos	라오스
México	멕시코
Pakistán	파키스탄
Portugal	포르투갈
Rusia	러시아
Siria	시리아
Sudán	수단
Ucrania	우크라이나
Uganda	우간다

Pájaros
새들

Avestruz	타조
Águila	독수리
Cigüeña	황새
Cisne	백조
Cuco	뻐꾸기
Cuervo	까마귀
Flamenco	플라밍고
Ganso	거위
Garza	헤론
Gaviota	갈매기
Gorrión	참새
Halcón	매
Huevo	계란
Loro	앵무새
Paloma	비둘기
Pato	오리
Pelícano	펠리컨
Pingüino	펭귄
Pollo	닭
Tucán	부리새

Plantas
식물

Arbusto	부시
Árbol	나무
Bambú	대나무
Baya	베리
Bosque	숲
Botánica	식물학
Cactus	선인장
Fertilizante	비료
Flor	꽃
Flora	플로라
Follaje	잎
Frijol	콩
Hiedra	아이비
Hierba	잔디
Jardín	정원
Musgo	이끼
Pétalo	꽃잎
Raíz	뿌리
Sol	태양
Vegetación	초목

Profesiones #1
직업 #1

Abogado	변호사
Astrónomo	천문학자
Atleta	선수
Bailarín	댄서
Banquero	은행가
Bombero	소방관
Cartógrafo	지도 제작자
Cazador	사냥꾼
Doctor	의사
Editor	편집자
Embajador	대사
Enfermera	간호사
Entrenador	코치
Fontanero	배관공
Geólogo	지질학자
Joyero	보석상
Músico	음악가
Pianista	피아니스트
Psicólogo	심리학자
Veterinario	수의사

Profesiones #2
직업 #2

Astronauta	우주 비행사
Bibliotecario	사서
Biólogo	생물학자
Cirujano	외과 의사
Dentista	치과 의사
Detective	형사
Filósofo	철학자
Fotógrafo	사진 작가
Ilustrador	일러스트레이터
Ingeniero	엔지니어
Inventor	발명자
Investigador	연구원
Jardinero	정원사
Lingüista	언어학자
Médico	의사
Periodista	기자
Piloto	조종사
Pintor	화가
Profesor	선생님
Zoólogo	동물학자

Psicología
심리학

Cita	약속
Clínico	임상
Cognición	인식
Comportamiento	행동
Conflicto	갈등
Ego	자아
Emociones	감정
Evaluación	평가
Experiencias	경험
Ideas	아이디어
Inconsciente	무의식
Infancia	어린 시절
Pensamientos	생각
Percepción	지각
Personalidad	인격
Problema	문제
Realidad	현실
Sensación	감각
Sueños	꿈
Terapia	요법

Química
화학

Alcalino	알칼리성
Ácido	산
Calor	열
Carbono	탄소
Catalizador	촉매
Cloro	염소
Electrón	전자
Enzima	효소
Gas	가스
Hidrógeno	수소
Ion	이온
Líquido	액체
Metales	궤조
Molécula	분자
Nuclear	핵
Oxígeno	산소
Peso	무게
Reacción	반응
Sal	소금
Temperatura	온도

Restaurante #2
레스토랑 #2

Agua	물
Almuerzo	점심
Aperitivo	전채
Bebida	음료
Camarero	웨이터
Cena	저녁 식사
Cuchara	숟가락
Delicioso	맛있는
Ensalada	샐러드
Especias	향신료
Fideos	국수
Fruta	과일
Hielo	얼음
Pastel	케이크
Pescado	물고기
Sal	소금
Silla	의자
Sopa	수프
Tenedor	포크
Verduras	채소

Ropa
의류

Abrigo	코트
Blusa	블라우스
Bufanda	스카프
Camisa	셔츠
Chaqueta	재킷
Cinturón	벨트
Collar	목걸이
Delantal	앞치마
Falda	치마
Guantes	장갑
Joyas	보석류
Moda	패션
Pantalones	바지
Pijama	잠옷
Pulsera	팔찌
Sandalias	샌들
Sombrero	모자
Suéter	스웨터
Vestido	드레스
Zapato	구두

Salud y Bienestar #1
건강 및 웰빙 #1

Activo	활동적인
Altura	키
Bacterias	박테리아
Clínica	진료소
Doctor	의사
Farmacia	약국
Fractura	골절
Hambre	굶주림
Hábito	습관
Hormonas	호르몬
Huesos	뼈
Medicina	약
Músculos	근육
Piel	피부
Postura	자세
Reflejo	반사
Relajación	휴식
Terapia	요법
Tratamiento	치료
Virus	바이러스

Salud y Bienestar #2
건강 및 웰빙 #2

Alergia	알레르기
Anatomía	해부
Apetito	식욕
Caloría	칼로리
Dieta	다이어트
Digestión	소화
Energía	에너지
Enfermedad	질병
Estrés	스트레스
Genética	유전학
Higiene	위생
Hospital	병원
Infección	감염
Masaje	마사지
Nutrición	영양
Peso	무게
Recuperación	회복
Saludable	건강한
Sangre	피
Vitamina	비타민

Selva Tropical
열대 우림

Anfibios	양서류
Botánico	식물
Clima	기후
Comunidad	커뮤니티
Diversidad	다양성
Especie	종
Insectos	곤충
Mamíferos	포유류
Musgo	이끼
Naturaleza	자연
Nubes	구름
Pájaros	조류
Preservación	보존
Refugio	피난
Respeto	존중
Restauración	복구
Selva	밀림
Supervivencia	생존
Valioso	귀중한

Senderismo
하이킹

Acantilado	낭떠러지
Agua	물
Animales	동물
Botas	부츠
Camping	캠핑
Cansado	피곤한
Clima	기후
Cumbre	서밋
Guías	가이드
Mapa	지도
Montaña	산
Mosquitos	모기
Naturaleza	자연
Orientación	정위
Parques	공원
Pesado	무거운
Piedras	돌
Preparación	준비
Salvaje	야생
Sol	태양

Suministros de Arte
미술 용품

Aceite	기름
Acrílico	아크릴
Acuarelas	수채화
Agua	물
Arcilla	점토
Borrador	지우개
Caballete	화가
Carbón	숯
Cámara	카메라
Cepillos	브러쉬
Colores	색상
Creatividad	창의성
Ideas	아이디어
Lápices	연필
Mesa	표
Papel	종이
Pasteles	파스텔
Pegamento	접착제
Silla	의자
Tinta	잉크

Tecnología
기술

Archivo	파일
Blog	블로그
Bytes	바이트
Cámara	카메라
Cursor	커서
Datos	데이터
Digital	디지털
Estadísticas	통계
Fuente	글꼴
Internet	인터넷
Investigación	연구
Mensaje	메시지
Navegador	브라우저
Ordenador	컴퓨터
Pantalla	화면
Seguridad	보안
Software	소프트웨어
Virtual	가상
Virus	바이러스

Tiempo
시간

Ahora	지금
Antes	전에
Anual	연간
Año	년
Ayer	어제
Calendario	달력
Década	십년
Día	일
Futuro	미래
Hora	시간
Hoy	오늘
Mañana	아침
Mediodía	정오
Mes	월
Minuto	분
Momento	순간
Noche	밤
Reloj	시계
Semana	주
Siglo	세기

Universo
유니버스

Asteroide	소행성
Astronomía	천문학
Astrónomo	천문학자
Atmósfera	분위기
Celestial	천상의
Cielo	하늘
Cósmico	우주
Ecuador	적도
Galaxia	은하
Hemisferio	반구
Horizonte	수평선
Latitud	위도
Longitud	경도
Luna	달
Oscuridad	어둠
Órbita	궤도
Solar	태양
Solsticio	지점
Telescopio	망원경
Visible	보이는

Vacaciones #2
휴가 #2

Aeropuerto	공항
Carpa	텐트
Destino	목적지
Extranjero	외국인
Fotos	사진
Hotel	호텔
Isla	섬
Mapa	지도
Mar	바다
Ocio	여가
Pasaporte	여권
Playa	해변
Reservas	전세
Restaurante	식당
Taxi	택시
Transporte	교통
Tren	기차
Vacaciones	휴일
Viaje	여행
Visa	비자

Vehículos
차량

Ambulancia	구급차
Autobús	버스
Avión	비행기
Balsa	뗏목
Barco	배
Bicicleta	자전거
Camión	트럭
Caravana	캐러밴
Coche	차
Cohete	로켓
Ferry	나룻배
Furgoneta	반
Helicóptero	헬리콥터
Metro	지하철
Motor	모터
Neumáticos	타이어
Submarino	잠수함
Taxi	택시
Tractor	트랙터
Tren	기차

Verduras
야채

Ajo	마늘
Alcachofa	아티초크
Apio	셀러리
Berenjena	가지
Brócoli	브로콜리
Calabaza	호박
Cebolla	양파
Ensalada	샐러드
Espinacas	시금치
Guisante	완두콩
Jengibre	생강
Nabo	순무
Oliva	올리브
Patata	감자
Pepino	오이
Perejil	파슬리
Rábano	무
Seta	버섯
Tomate	토마토
Zanahoria	당근

Enhorabuena

Lo has conseguido!

Esperamos que hayas disfrutado de este libro tanto como nosotros al diseñarlo. Nos esforzamos por crear libros de la máxima calidad posible.
Esta edición está diseñada para proporcionar un aprendizaje inteligente, de calidad y divertido!

¿Te ha gustado este libro?

Una Petición Sencilla

Estos libros existen gracias a las reseñas que se publican.
¿Podrías ayudarnos dejando una reseña ahora?
Aquí tienes un breve enlace a la página de reseñas

BestBooksActivity.com/Opiniones50

¡DESAFÍO FINAL!

Reto n°1

¿Estás listo para tu juego gratis? Los utilizamos siempre, pero no son tan fáciles de encontrar. ¡Aquí están los **Sinónimos**!

Escribe 5 palabras que hayas encontrado en los rompecabezas (#21, #36, #76) y trata de encontrar 2 sinónimos para cada palabra.

Escriba 5 palabras del *Puzzle 21*

Palabras	Sinónimo 1	Sinónimo 2

Escriba 5 palabras del *Puzzle 36*

Palabras	Sinónimo 1	Sinónimo 2

Escriba 5 palabras del *Puzzle 76*

Palabras	Sinónimo 1	Sinónimo 2

Reto n°2

Ahora que te has calentado, escribe 5 palabras que hayas encontrado en los Puzzles 9, 17 y 25 e intenta encontrar 2 antónimos para cada palabra. ¿Cuántos puedes encontrar en 20 minutos?

Escriba 5 palabras del **Puzzle 9**

Palabras	Antónimo 1	Antónimo 2

Escriba 5 palabras del **Puzzle 17**

Palabras	Antónimo 1	Antónimo 2

Escriba 5 palabras del **Puzzle 25**

Palabras	Antónimo 1	Antónimo 2

Reto n°3

¡Genial! Este desafío final no es nada para ti.

¿Preparado para el reto final? Elige 10 palabras que hayas descubierto en los diferentes rompecabezas y escríbelas a continuación.

1.	6.
2.	7.
3.	8.
4.	9.
5.	10.

Ahora escribe un texto pensando en una persona, un animal o un lugar que te guste.

Puedes usar la última página de este libro como borrador.

Tu Composición:

CUADERNO DE NOTAS :

HASTA PRONTO !

Todo el Equipo

www.ingramcontent.com/pod-product-compliance
Lightning Source LLC
Chambersburg PA
CBHW082212120626
46553CB00010B/3109